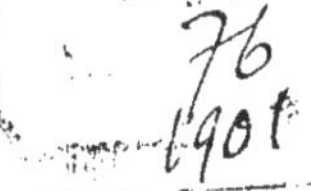

ÉTUDE

SUR LE

RÉGIME LÉGAL

DES

SOCIÉTÉS COOPÉRATIVES

EN DROIT FRANÇAIS

PAR

Georges GOUTET

Docteur en droit

Licencié ès-lettres

Avocat à la Cour d'appel de Riom

MAYENNE

Imprimerie CH. COLIN

—

1901

ÉTUDE SUR LE RÉGIME LÉGAL DES SOCIÉTÉS COOPÉRATIVES EN DROIT FRANÇAIS

ÉTUDE

SUR LE

RÉGIME LÉGAL

DES

SOCIÉTÉS COOPÉRATIVES

EN DROIT FRANÇAIS

PAR

Georges GOUTET

Docteur en droit

Licencié ès-lettres

Avocat à la Cour d'appel de Riom

MAYENNE

Imprimerie CH. COLIN

1901

A MON PÈRE

DU RÉGIME LEGAL

DES

SOCIÉTÉS COOPÉRATIVES

EN DROIT FRANÇAIS

INTRODUCTION

On chercherait vainement dans nos lois les mots « Coopération » et « Sociétés coopératives ».

Cependant ces Sociétés ont pris depuis quelques années une extension considérable et toujours croissante. D'après les statistiques les plus récentes, il se trouverait en France, au début de l'année 1901 près de deux mille cinq cents sociétés qui revendiquent le titre et la qualité de sociétés coopératives. Dans ce nombre, les sociétés de consommation figurent pour un chiffre de seize cent quatre-vingt-quatre, et comptent plus de cinq cent mille associés ou adhérents (1) : Certaines d'entre elles ont jusqu'à douze et quinze mille membres.

Bien que nos lois aient semblé omettre ces sociétés, les nécessités de la pratique ont amené les tribunaux à étudier et à résoudre à leur sujet, d'intéressantes questions de légalité.

D'autre part, si les textes légaux paraissent muets sur elles, les ouvrages des jurisconsultes et surtout des économistes, ne les ont pas négligées, et l'on discute avec abondance, leurs caractères, leurs modes de fonctionnement, et jusqu'à leur utilité.

Il y a donc quelque intérêt, à rechercher en l'absence de toute définition légale, ce qu'elles sont, comment elles fonctionnent, et quelles seraient pour elles les meilleures conditions d'existence.

Cette recherche est entrée depuis longtemps dans les préoccupations de notre législateur, et l'oubli qu'il a fait des sociétés coopératives n'est qu'apparent. Nous aurons à examiner les dispositions qu'il a prises, et celles qu'il a proposées à leur égard.

La tâche que nous avons assumée est donc très vaste et très lourde. Nous ne l'aurions pas entreprise, si nous n'avions eu pour guides les maîtres éminents dont les ouvrages n'ont cessé d'être entre nos mains : nous avons nommé MM. Thaller, Planiol et Berthelemy. Leurs *Traité de Droit commercial*, *de Droit*

1. *Almanach de la Coopération* pour 1901.

civil, et de Droit administratif ont jeté une lumière nouvelle sur la difficile et complexe matière des sociétés et sur la personnalité morale.

A tout instant, en lisant ces pages, on trouvera un reflet de leurs opinions.

Nous nous sommes efforcé d'éviter un double écueil. D'une part nous nous sommes gardé de donner à cette modeste étude, soit la forme d'un manuel du parfait coopérateur, soit les allures d'un traité approfondi sur les sociétés à capital variable. D'autre part nous avons pris soin d'éliminer de notre travail tout ce qui aurait pu le faire ressembler à un traité général sur les sociétés fait à l'occasion des sociétés coopératives.

Pour mener ce travail à bonne fin, nous nous sommes placés, à un point de vue exclusivement juridique, et si, parfois, nous nous sommes aventuré sur le terrain de l'Economie politique, c'est que les nécessités de notre composition l'exigeaient impérieusement. D'ailleurs il nous a semblé que le droit n'était point une science solitaire et bornée, et que, pour bien comprendre le but d'une loi, il fallait avant tout se rendre compte des besoins économiques qu'elle était destinée à satisfaire. De même, nous avons cru, que pour en interpréter justement le sens, il fallait connaître les circonstances historiques qui avaient entouré sa naissance : tel est le motif des emprunts, très sobres du reste, que nous avons fait à notre histoire contemporaine.

Estimant que la clarté est le premier des mérites pour une étude de cette nature, nous avons adopté un plan très simple. Nous avons cherché d'abord à définir ce qu'il fallait entendre par « Coopération » et « Sociétés coopératives ». Puis, suivant l'ordre chronologique nous avons étudié la condition légale de ces Sociétés avant la loi du 24 juillet 1867, et depuis cette loi. Enfin nous avons exposé rapidement les projets de réforme qui ont été proposés au cours de ces dernières années.

Dans l'exécution de ce plan, nous avons à nous reprocher bien des imperfections, des défauts de toutes sortes, et sans doute de nombreux oublis : nous nous en excusons à l'avance. L'indulgence du lecteur voudra bien tenir compte de la complexité de notre sujet, et de la nécessité où nous nous sommes trouvé de réduire au minimum d'étendue les développements d'une matière extrêmement vaste.

On s'étonnera peut-être de ne pas trouver au seuil de cette étude la bibliographie ordinaire, et qui consiste à énumérer une série de titres d'ouvrages concernant le sujet dont on s'occupe.

Avec M. Ch. V. Langlois, nous avons estimé que ces listes ne pouvaient être vraiment utiles que si l'on y joignait « un index du contenu de tous les ouvrages indi-
« qués qui ne pouvait être obtenu que par le dépouil
« lement intégral et détaillé » (1) de ces ouvrages. Or,

1. *Manuel de Bibliographie historique* 1901, p. 10.

nous n'avons eu ni le temps ni le désir de lire tous les ouvrages dont nous aurions pu réunir les titres. On trouvera une énumération de cette nature, dans le supplément de Dalloz, au mot Société, sous le n° 2167.

Nous nous sommes appuyé sur les ouvrages et documents suivants :

Au point de vue économique, et pour la technique, pour ainsi dire, des Sociétés coopératives, nous avons utilisé les études remarquables de MM. Hubert-Valleroux et Roger Merlin sur les Associations ouvrières et les Associations patronales. L'étude de M. Hubert-Valleroux, faite d'un point de vue plus élevé, est plus précise, a plus de cohésion et donne plus vite une idée d'ensemble du sujet. L'ouvrage de M. Merlin a sur le précédent l'avantage d'être plus complet, et, qualité précieuse, de donner des références.

Nous n'avons pas négligé les Traités généraux de MM. Cauwès et Leroy-Beaulieu. L'excellent livre de M. Gide a été constamment sous nos yeux, de même que ses conférences publiées sous le titre *La Coopération*. On ne saurait s'occuper de coopération sans avoir lu ce dernier ouvrage.

Aux traités de Droit Commercial, de Droit civil et de Droit administratif de MM. Thaller, Planiol et Barthélémy, qui ont heureusement modifié la scholastique du droit, nous avons joint les traités généraux de droit civil et de droit commercial, que nous citons à l'occasion, au cours ne notre étude.

Nous avons eu continuellement en mains les Traités spéciaux sur les sociétés de MM. Lyon-Caen et Renault, Houpin, Rousseau et Vavasseur. Toutes nos citations se réfèrent aux dernières éditions de ces ouvrages.

Le supplément de Dalloz au mot *Société* et le code de commerce annoté de MM. Cohendy et Darras, nous ont utilement servi. Nous permettra-t-on de dire que ces deux ouvrages nous ont paru, à tort peut-être, moins bien informés sur les sociétés coopératives, qu'on était en droit de l'espérer, en raison de leur haut mérite ?

Les indications historiques dont nous avions besoin, nons ont été fournies par l'*Essai historique et critique sur la législation des sociétés commerciales* de M. Lescœur (1877), par les excellents chapitres de M. Albert Malet, dans les tomes XI et XII de l'*Histoire générale* de MM. Lavisse et Rambaud, et par l'*Histoire politique de l'Europe contemporaine* de M. Seignobos.

Comme documents de première main, nous avons eu recours pour les décisions de jurisprudence aux recueils ordinaires, et notamment à la *Revue des Sociétés*.

Nous avons soigneusement consulté le *Moniteur Universel* pour les périodes de 1848 et 1867, et le *Journal Officiel* avec les Annales de la Chambre et du Sénat, pour la période contemporaine.

On trouvera une édition commode des travaux préparatoires de la loi de 1867 dans Rivière : *Commentaire de la loi du 24 Juillet 1867 sur les Sociétés.*

Citons en outre : une brochure sur *les Sociétés de Coopération et leur constitution légale* parue en 1863 (Guillaumin édit.) — Le *Guide pour l'organisation et l'administration des Sociétés Coopératives de Consommation* par M. Clavel. Une Thèse excellente de M. Godemel sur «Warrants agricoles», où l'on trouvera dans la première partie une étude concise et complète du Crédit agricole. *Le Crédit agricole en France et à l'étranger* par M. Louis Durand. L'*Almanach de la Coopération.* Le compte rendu du premier Congrès national et international de la Coopération socialiste (Société nouvelle de Librairie et d'édition.)

Nous n'avons enfin fait que parcourir le compte rendu de l'enquête extraparlementaire de 1883-88. (Les deux premiers volumes chez Muzard, place Dauphine, le troisième à l'imprimerie Chaix.)

CHAPITRE I

Définition de la Coopération et de la société Coopérative.

Au seuil d'une étude sur les sociétés coopératives il importe d'être fixé sur le sens de cette expression. Qu'est-ce qu'une société coopérative? qu'est-ce que la coopération ?

Si les mots avaient toujours le sens exact que l'Etymologie leur donne, le mot coopération désignerait l'acte de deux ou plusieurs personnes qui travaillent ensemble pour arriver à un but commun.

Ce mot étant ainsi compris, l'expression « Société coopérative » conviendrait à toutes les réunions de personnes, même temporaires, qui se proposent un but déterminé.

Il n'en est pas ainsi en pratique, et un usage, déjà ancien a consacré une autre acception dont il faudrait suivant M. Leroy-Beaulieu, (1) attribuer la paternité au réformateur anglais Richard Owen.

1. *Revue des deux mondes* 1er nov. et 1er septembre 1893. *Cours d'Econ. polit.* 4. éd. 1900. t. II. p. 556.

Malheureusement il faut constater que si l'on est d'accord pour reconnaître que ces mots ont un sens nouveau, si l'on s'entend d'une manière vague, sur cette signification nouvelle, on ne s'est pas beaucoup préoccupé d'en donner une définition précise, si même on ne l'a volontairement évité.

Si nous consultons les ouvrages des publicistes et des coopérateurs, nous trouvons des explications générales et diverses que M. Leroy-Beaulieu a résumé en termes excellents. On nous permettra de lui emprunter sur ce point, une longue citation (1) : « La coopéra- « tion, dit-il, s'entend d'une association d'un genre par- « ticulier reposant plus sur les personnes que sur les « capitaux, poursuivant un but non seulement financier, « mais moral, ayant des ambitions de palingénésie, ou de « régénération. La coopération en tant que système, « se propose d'exclure graduellement toute entre- « prise individuelle, du moins toute entreprise employant « un certain nombre de personnes, et où l'une d'entre « elles seule aurait toute l'initiative, tous les pouvoirs « de direction et toute la responsabilité ».

« On pourrait contester que l'élément éthique, pour « parler comme les nouveaux économistes, doit néces- « sairement tenir une place dans la coopération... Il « n'en est pas moins vrai que la plupart des chefs du « mouvement coopératif en tous pays invoquent en

1. *Cours d'Ec.* Pol. t. II p. 556 et S.

« faveur de leur système, au moins autant l'utilité mo-
« rale ou éthique, que les avantages matériels. »

M. Leroy-Beaulieu tente une définition personnelle : « En s'en tenant au côté purement économique, on « peut définir la société coopérative par ces deux ob- « jets qu'elle se propose : 1° la subalternisation du « capital au travail, c'est-à-dire des capitalistes et des « capacités techniques, à la masse des ouvriers et em- « ployés ; 2° la suppression de l'entrepreneur en tant « qu'être personnel et distinct, et la dispersion, la pré- « carité de la direction de l'entreprise, laquelle serait « confiée à des mandataires à temps délégués par la « masse. »

Cette définition caractérise bien les intentions des coopérateurs ou d'un certain nombre d'entre eux; il n'est pas douteux que, pour certains publicistes, la coopération est avant tout un moyen de transformer la société. Un apôtre de la coopération, M. Gide, reconnaît « que le coopératisme poussé à ses dernières limi- « tes aboutit à une organisation sociale qui présente « de grandes analogies avec l'idéal collectiviste » (1). Comme il y aboutit en sauvegardant la liberté individuelle, on ne peut rien voir en cela de fâcheux, et il est bien possible que tel soit le résultat lointain de la coopération.

Mais nous n'avons pas à l'envisager ici. Nous devons

1. *La Coopération*. Conférences de propagande, p. 100.

négliger de parti-pris le rôle économique des sociétés coopératives et nous borner à étudier leur nature juridique et leurs conditions d'existence, dans le présent.

A ce point de vue modeste et borné, nous ne pouvons que critiquer la définition donnée par M. Leroy-Beaulieu.

Tout d'abord, elle ne s'applique pas à toutes les sociétés coopératives : les Sociétés de consommation, pas plus que les Sociétés de Crédit, n'ont pour but de « subalterniser » le capital au travail ; on chercherait vainement, dans la grande majorité de ces sociétés les intentions éthiques dont se prévalent beaucoup de partisans de la coopération, et, dans la réalité des faits, il faut bien plutôt voir en elles de simples entreprises faites dans un but d'intérêt pécuniaire et privé, sans aucune tendance rénovatrice. Quand on oppose le travail au capital, on songe d'ordinaire aux ouvriers qu'on place en face des bourgeois. Il est unanimement reconnu et admis que les Sociétés de consommation sont faites pour tout le monde, sans distinction de classes (1). Quant aux sociétés de crédit, il faut, avec M. Hubert-Valleroux, poser en principe, qu'elles « ne « sont pas faites pour les ouvriers, pour les salariés, « mais seulement pour ceux qui, petits artisans, ou « petits commerçants, travaillent à leur compte. Ceux-

1. M. Hubert Valleroux. *Les associations ouvrières et les associations patronales* p. 200.

« là, petits entrepreneurs, tâcherons, façonniers, enfin « chargés d'un travail ou d'un négoce qui veut des « avances, ont besoin de crédit. Qu'en feraient les « ouvriers ? Ils l'emploieraient à leur dépense journa- « lière, et non, comme les précédents, à produire des « valeurs ; le crédit leur serait plutôt nuisible ; ils « s'endetteraient sans pouvoir rendre » (1). Un illustre coopérateur italien. M. Luzatti, considère lui aussi le crédit organisé pour l'ouvrier, comme un malheur pour lui. « Ce qu'il lui faut, dit-il c'est l'épargne ».

La définition de la coopération par la subalternisation du capital au travail, ne s'applique pas mieux à l'ensemble des Sociétés de production. Que certaines d'entre elles, aient voulu réaliser cette transformation, on ne peut le nier ; mais on pourrait citer une foule de sociétés de ce genre qui traitent au contraire le capital comme un élément indispensable de succès, souvent sur le pied de l'égalité, et le considèrent comme ayant droit aux bénéfices et à la direction de l'entreprise, au même titre, (ce qui ne veut pas dire, dans la même proportion) que le travail.

On peut faire d'autres griefs à la définition que nous critiquons : on ne doit pas définir une institution par l'intention morale de ceux qui l'ont créée ou qui la pratiquent. C'est là un élément essentiellement subjectif et contingent qui s'accorde mal avec le caractère général d'une définition.

1. M. Hubert Valleroux A. O. p. 144.

Enfin, on ne doit pas davantage s'appuyer, pour définir la coopération sur son rôle économique, et sur les résultats qu'elle est appelée à réaliser dans l'ordre social. Il est vrai que M. Leroy-Baulieu est un économiste, et que sa définition se trouve dans un traité d'Economie politique. Mais il n'en est pas moins vrai qu'une chose ne peut changer de nature, suivant qu'on se place au point de vue juridique, ou au point de vue économique : la chose envisagée, reste toujours identique à elle-même, et c'est à sa structure intime, à ses caractères intrinsèques, qu'il faut s'attacher pour la définir.

En procédant comme le font les publicistes, on en arriverait à définir les sociétés par actions, comme des sociétés ayant pour but de mobiliser la propriété foncière. Par là, on indiquerait bien un de leurs résultats économiques, et non le moindre, mais on n'aurait certes pas donné une notion bien nette de ce qu'est une société par actions.

Les jurisconsultes n'ont pas mis plus d'empressement que les économistes à donner une définition sérieuse de la coopération. Certains d'entre eux déclarent même que que c'est chose impossible. Dalloz, qui reproduit une opinion habituellement admise, confond dans une même explication les termes « coopération » et « sociétés coopératives ». Pour lui, « la coopéra-« tion, d'une manière générale, est une forme d'asso-« ciation ayant pour objectif la suppression des inter-

« médiaires... suppression de l'intermédiaire commer-
« çant ou détaillant dans l'association coopérative de
« consommation ; suppression de l'intermédiaire patron
« ou chef d'industrie dans l'association coopérative de
« production (la seule association vraiment ouvrière et
« professionnelle) ; suppression de l'intermédiaire ban-
« quier dans l'association coopérative de crédit... »
Mais c'est là une énumération bien plus qu'une définition et comme toute énumération, elle court le risque d'être imcomplète : c'est ce que Dalloz a parfaitement senti, en ajoutant : « Ce ne sont là d'ailleurs que les
« types principaux d'associations coopératives ; la coo-
« pération peut revêtir les formes les plus variées, et
« est susceptible des applications les plus diverses ».

Aucun des auteurs qui se sont consacrés d'une façon plus spéciale à l'étude des sociétés ne donne la définition que nous cherchons.

Il nous semble pourtant qu'en allant au fond des choses, en examinant tour à tour chacun des types, au moins les plus usuels, de sociétés coopératives dont la pratique nous révèle l'existence, on peut arriver à dégager des caractères communs à ces divers types et tenter à l'aide de ces traits communs une définition à peu près exacte.

Il est un point sur lequel tout le monde est d'accord et que nous admettrons à *priori*, bien que la façon dont on la présente ne soit pas tout à fait exacte : c'est que la coopération a pour but de faire disparaître un ou plusieurs intermédiaires.

Avant de parvenir du producteur au consommateur, un objet passe par les mains d'une série quelquefois très longue d'intermédiaires. Chacun de ces intermédiaires se faisant payer son entremise, il y a, entre le prix auxquel un objet est livré à la circulation par le producteur, et celui auquel le consommateur l'achète un écart souvent énorme.

En 1866, dans l'enquête sur les sociétés coopératives, faites par les soins du gouvernement impérial, M. Augustin Cochin déposait que la Société fondée par lui pour le personnel de la compagnie du chemin de fer d'Orléans, avait procuré à ses membres, par rapport aux prix des détaillants, une économie de : 43 0/0 sur le charbon de bois, 75 0/0 sur les fagots ; 33 0/0 sur le vin ; 56 0/0 sur les pommes de terre ; 66 0/0 sur le salé ; 100 0/0 sur les harengs saurs ; 115 0/0 sur le sel ; 127 0/0 sur le jambon fumé.

Si les intermédiaires étaient tout-à-coup supprimés, et si le producteur et le consommateur se trouvaient en relations directes, ou bien le producteur en vendant au prix du détail au consommateur s'attribuerait à lui seul tout le profit que l'intermédiaire prélève actuellement, ou bien le consommateur chercherait à attirer ce profit entièrement à lui, en achetant au prix du gros, ou bien encore il se produirait entre eux une entente et un partage.

Mais qu'il y ait accaparement du profit par l'un ou par l'autre, ou compromis entre eux, dans l'un et l'autre cas, il y aurait bien suppression d'un intermédiaire, mais il n'y aurait pas coopération.

L'hypothèse que nous venons d'envisager est, en l'état actuel de notre civilisation, tout-à-fait irréalisable. Le producteur ne peut pas être en rapport direct avec le consommateur, sauf dans de très rares exceptions, et la coopération a pour cause unique, quelque paradoxale que cette assertion paraisse, l'impossibilité où l'on se trouve de supprimer les intermédiaires là où ils existent. Comme l'explique fort bien M. Gide « le producteur ne peut guère vendre au détail, tandis « que le consommateur peut encore moins acheter en « gros » (1).

Sans doute un jardinier maraîcher pourra porter lui-même ses légumes au marché, un ouvrier ébéniste réparer un meuble sans le concours d'un patron, un capitaliste prêter à un ami besogneux, sans passer par l'entremise d'un banquier. Ces opérations sont courantes depuis longtemps. Mais en de telles hypothèses où le producteur et le consommateur isolés sont en relations directes, la question de la coopération ne se pose pas : elle ne se pose que dans les cas où l'isolement des individus ne permet pas d'établir de telles relations.

En effet, notre organisation économique est telle que

1. *Principes d'Econ. Pol.* 4e édit. p. 192.

l'ouvrier ne pourra utiliser son travail, le capitaliste, ses capitaux, en dehors des intermédiaires, que s'ils unissent leurs efforts et leurs ressources, et substituent à l'intermédiaire dont ils dépendaient, la collectivité qu'ils auront ainsi formée. De même les consommateurs ne pourront acheter au prix du gros que s'ils s'unissent et remplacent par leur collectivité le ou les commerçants auxquels ils s'adressaient.

Le mot de collectivité n'est employé ici ni comme une formule, ni comme une fiction. Il correspond à quelque chose de très réel. Dans l'association de production, il n'y aura, vis-à-vis du consommateur, ni un, ni dix, ni cent ouvriers pris individuellement : il y aura la masse des ouvriers, c'est-à-dire cent ouvriers, qui, considérés dans leur ensemble, ne font plus qu'un (1). L'existence de cette collectivité se manifestera par tous les caractères qui constituent la personnalité collective. Elle se manifestera aussi par ses produits mêmes, dans lesquels la participation de chacun disparaîtra pour ainsi dire, dans la communauté des efforts. L'ancien intermédiaire a bien disparu. Mais pas plus qu'avant le producteur isolé n'est en rapport direct avec le consommateur. Entre eux quelque chose de nouveau s'est interposé, et, c'est la Société coopérative qui s'est substituée à l'intermédiaire préexistant.

Dans la Société de consommation, la personnalité des

1. M. Berthélémy. *Droit administr.* p. 517.

associés disparaîtra de même derrière la collectivité qu'ils ont formée, et les producteurs auront en face d'eux un organisme bien distinct qui se sera lui aussi substitué à un commerçant.

La société de crédit ne se borne pas à se substituer à un intermédiaire ; elle constitue en quelque sorte la création d'un intermédiaire, là où précédemment il n'y en avait pas. Nous avons dit que ces sociétés étaient destinées aux petits artisans, aux modestes cultivateurs. Or, les banquiers, qui sont les intermédiaires en matière de crédit, ne veulent et ne peuvent pas faire d'affaires avec ces humbles emprunteurs qui n'offrent pas assez de surface, et dont le crédit est trop incertain : c'est là une affirmation dont il est facile de vérifier l'exactitude. Que font ces petits artisans ? Ils s'adressent à des capitalistes, nous allions dire à des spécialistes, qui leur consentent des prêts avec des intérêts très élevés de façon à compenser par l'espoir d'un gain considérable, les risques indéniables que courent leurs capitaux. Ils prêteront par exemple 200 francs à trois mois avec une commission de 25 francs, ce qui représente un intérêt annuel de 50 0/0. L'emprunteur ne peut pas trop se plaindre, car, sans la somme qu'on lui a prêtée il n'aurait pas pu, faute d'avances, utiliser son travail.

Supposons que cet emprunteur, au lieu de rester isolé, s'adresse à d'autres personnes placées dans la même situation que lui, et forme avec elles une société où tous les membres seront solidaires les uns des autres, de telle façon que la perte survenue du fait de l'un d'entre eux soit supportée par tous les autres ; comme en fait, les pertes ne se produiront pas simultanément, qu'elles seront plus rares par suite de l'émulation communiquée à chacun des membres, la société ainsi formée trouvera au taux normal un crédit relativement facile.

Mais les prêts ne seront pas faits par les capitalistes aux associés pris individuellement : ils seront accordés à la société, et c'est la société qui les répartira entre ses membres en vertu d'une règle intérieure. Nous avions donc bien raison de dire qu'en pareil cas, il a surgi un intermédiaire, la société, là où il n'en existait pas auparavant.

Mais comme la société de crédit peut très bien se concevoir entre gens qui s'adressaient à un banquier, nous la considérerons pour plus de simplicité comme offrant les mêmes caractères que les sociétés de Production et de Consommation, et nous dirons, généralisant ou plutôt résumant les explications précédentes, que la coopération se présente, comme étant la création d'une personne collective qui se substitue à un ou plusieurs intermédiaires et dont les membres sont ceux sur lesquels les intermédiaires qu'elle remplace, prélevaient auparavant leur profit.

Nous constaterons en outre que la coopération peut être faite, soit au profit du producteur, soit au profit du consommateur. Elle peut être organisée aussi, au profit de l'un et de l'autre comme dans les coopératives de Boucherie. Mais les deux termes de la coopération sont la Société de Production et la Société de Consommation. La Société de Crédit dont on fait souvent un type distinct en raison de certains caractères assez spéciaux, se ramène en réalité à la Société de Consommation ; en effet à un certain point de vue, le capital n'est qu'un produit ordinaire (1) et l'argent peut être assimilé à une marchandise.

Nous envisagerons successivement le mécanisme des Sociétés de Production, et celui des Sociétés de Consommation, et nous dégagerons les traits qui leur sont communs, et peuvent les caractériser.

Tout le monde s'entend sur le sens qu'il faut donner au mot « consommateur ».

Le mot « producteur » est plus complexe. Pour beaucoup, le producteur est celui qui livre à la circulation un produit bon pour la vente : cette manière de voir est quelquefois juste, pour l'artisan cordonnier par exemple. Mais elle cesse d'être exacte si l'on envisage les produits manufacturés, ou, d'une manière générale, tous ceux pour l'achèvement desquels il a fallu le concours de plusieurs personnes ou agents. Quand on considère ces produits, on appelle producteur, l'agent qui a contribué à rendre un produit susceptible d'être livré à la circulation.

1. M. Gide, p. 134.

On rencontre quelques difficultés, quand il s'agit de déterminer quels sont les divers agents de production et quel est le rôle de chacun.

Sans vouloir entrer dans une discussion qui nous entraînerait fort loin dans le domaine de l'économie politique, nous constaterons qu'en fait, pour confectionner un produit, il faut le concours de deux éléments : *un capital*, c'est-à-dire de l'argent pour acheter les matières premières et des outils pour les transformer, *du travail* qui mettra les outils en œuvre pour opérer cette transformation.

La même personne peut représenter à la fois le capital et le travail, tel l'artisan cordonnier dont nous parlions tantôt. Mais, très fréquemment, ces deux éléments ne sont pas représentés par les mêmes têtes : le travail est personnifié par l'ouvrier, le capital par le capitaliste. L'union de ces deux personnes est aussi indispensable à l'une qu'à l'autre. Dans ce que les socialistes appellent l'organisation capitaliste, cette union est réalisé par deux contrats bien différents.

Tantôt c'est le contrat de prêt qui est adopté : le capitaliste abandonne une partie de son capital, moyennant certaines garanties, et en stipulant un intérêt; l'ouvrier travaille à ses risques, garde tout le bénéfice s'il en obtient, mais doit les intérêts alors même qu'il ne fait aucun bénéfice. Tantôt survient le contrat de louage de travail, et c'est le capitaliste qui, devenu patron, utilise le travail de l'ouvrier moyennant une rétribution qu'on appelle salaire; l'ouvrier est exonéré de tout risque ; le salaire est dû en toute hypothèse ; mais, en retour, le patron garde pour lui seul tout le bénéfice résultant du travail par lequel l'ouvrier a mis en œuvre son capital. Le système de la participation aux bénéfices, n'est qu'une forme du contrat de louage de travail (1).

Par le jeu de lois économiques que nous ne pouvons examiner ici, il est arrivé que les salaires, pour une même industrie et dans le même pays, ont atteint un taux moyen et s'y sont maintenus : toutefois, ce taux a une tendance à augmenter.

Pour des causes analogues, les capitaux (nous prenons ce mot dans son sens vulgaire), dont l'utilisation est relativement facile, sont arrivés à produire par l'emploi qu'on en fait, un intérêt périodique et annuel, dont le taux a atteint lui aussi une moyenne, qui tend à diminuer ; la loi du 7 avril 1900 fixe l'intérêt légal de l'argent à 4 0/0 en matière civile, et 5 0/0 en matière commerciale.

On peut interpréter ces faits de manières très diverses ; nous nous bornons à les constater.

Dans les entreprises ordinaires, où le capital et le travail sont représentés par deux catégories de personnes bien distinctes, le rôle et les profits de ces personnes sont aussi bien différents. Le capitaliste chef

1. M. Planiol. *Traité de Dr. Civ.* T. II, n° 1880.

d'entreprise en qualité de patron ou d'actionnaire, calcule dans ses frais généraux l'intérêt de ses capitaux et le salaire de ses ouvriers. Tout le produit qui excède le chiffre des frais généraux est considéré comme bénéfice et revient intégralement au capitaliste. On justifie ce résultat par la considération que le capitaliste ayant tous les risques de l'entreprise, doit en avoir comme corollaire tout le profit.

Dans notre droit des Sociétés, cette relation entre la participation aux bénéfices et la participation aux risques ou aux pertes, est un principe fondamental, qui ressort des articles 1853 et 1855 C. civ. : tout associé qui participe aux gains, doit à peine de nullité de la Société, supporter sa quote-part dans les pertes (1).

Cependant il faut bien convenir qu'il n'y a pas toujours parité entre les risques courus et les bénéfices encaissés.

Dans les cas où l'inégalité existe, si le capitaliste perçoit une part de bénéfices supérieure aux risques courus, il se comporte, vis-à-vis de l'ouvrier, et en proportion de cet excédent, comme un intermédiaire qui se fait payer par cet excédent la nécessité où se trouve l'ouvrier de s'adresser à lui pour utiliser son travail et en trouver le salaire.

La coopération, dans les associations de production

1. M. Thaller, *op. cit.*, n° 236. M. Planiol, *op. cit.* T. II, n. 2014.

a pour but de supprimer jusqu'à due concurrence cet intermédiaire.

Les ouvriers socialistes ont envisagé la chose autrement. Ils ne tiennent aucun compte des risques courus. A les entendre le capital est une chose inerte qui sans eux, ne serait bonne à rien : ceci est exact, mais ils oublient que sans le capital, eux aussi sont réduits à l'inertie. Ils confondent le capital avec ceux qui le possèdent ordinairement, les bourgeois, et, par haine de la société capitaliste, ils s'efforcent d'organiser la coopération sans le secours des capitalistes. Mais comme le capital est indispensable à toute entreprise, comme d'autre part les ouvriers en possèdent rarement, une foule d'essais coopératifs par le seul travail, ont échoué. Les ouvriers se sont alors directement ou indirectement adressé à l'État, qui, on le verra n'est pas resté sourd à leur appel. Mais les secours pécuniaires qu'il en ont reçus les ont trop rarement conduits au succès : il faut dans une entreprise autre chose que des avances ; et puis, le capital trop facilement obtenu, a été facilement dilapidé : on ne tient vraiment aux choses qu'en raison de la peine qu'on a eue pour les obtenir. Instruits par leurs échecs, les ouvriers n'ont plus montré la même hostilité pour le capital bourgeois, et, de nos jours un mouvement très net s'est dessiné dans les milieux coopérateurs en faveur de l'union nécessaire de ceux qui possèdent et de ceux qui travaillent.

Mais alors les socialistes ont crié au scandale : comment peut-on s'unir à ceux qu'il faut « exproprier » ? La coopération ne doit avoir pour but que de préparer « la chute de la Société capitaliste » (1). Les socialistes réprouvent donc l'union entre travailleurs et bourgeois. La coopération socialiste doit concentrer entre les mêmes mains le capital et le travail. Cette conception sera facile à réaliser pour les sociétés de consommation dans lesquelles la mise de fonds initiale peut être presque insignifiante. Pour les Sociétés de Production qui exigent de grosses avances, on adoptera la tactique suivante : on commencera par créer des Sociétés de consommation et c'est avec les bénéfices réalisés par ces sociétés qu'on fondera des Sociétés de Production. En aucun cas, les bénéfices réalisés ne devront profiter aux coopérateurs qui se transformeraient ainsi en capitalistes : ils iront dans la caisse du parti socialiste. Tout au plus admettra-t-on qu'une part minime de ces bénéfices soit réservée aux coopérateurs, afin d'attirer les adhésions des socialistes tièdes ou des indifférents, et encore les coopérateurs ne toucheront-ils cette part qu'en leur qualité de travailleurs ou de consommateurs : le capital doit toujours être réduit à la portion congrue c'est-à-dire à un intérêt aussi minime que possible. Cette organisation est néces-

1. Le député belge Léonard, au 1er congrès de la coopération socialiste. Compte-rendu, p. 116. Bellais éd.

saire pour se procurer les moyens de « mitrailler la citadelle capitaliste » (1) et parvenir à « l'émancipation intégrale du prolétariat » (2).

Cette manière de comprendre la coopération a exercé une certaine influence sur quelques auteurs.

Le savant professeur italien Vivante exige que le capital ne touche rien au-delà de son intérêt. Les bénéfices doivent être entièrement répartis entre les ouvriers ou les consommateurs.

Cependant, si une pareille exigence se comprend et s'explique au point de vue socialiste, elle est trop rigoureuse, au point de vue purement coopérateur. Elle nous paraît même contraire au principe fondamental de la coopération, qui est la suppression des intermédiaires.

En effet, si le capital ne peut rien sans le travail, celui-ci, nous l'avons déjà fait remarquer, ne peut rien sans le capital. « Impossible à qui n'a que ses bras de « produire n'importe quoi, si on ne met entre ses mains « un instrument de production, et cet instrument de « production, c'est le propriétaire ou le capitaliste seul, « dans l'organisation économique, qui peuvent le lui « fournir (3) ». Pourquoi vouloir subordonner l'un des éléments de production à l'autre, sous le prétexte qu'ils sont représentés chacun par une catégorie de person-

1. Congrès de la coop. soc. 1900, le citoyen Samson (de l'Union de Lille), p. 127.

2. Id. le citoyen Aubriot. (Emancipation du XVe), p. 112.

3. M. Gide. *Principes d'Econ.* Pol. 4e éd. p. p. 521.

nes différentes? Si, dans l'organisation actuelle, le capital joue le rôle d'intermédiaire vis-à-vis du travail, ce serait la situation inverse qui se produirait dans la conception que nous critiquons. Il faut bien convenir qu'il y aurait quelque chose de choquant à voir ceux qui se déclarent les ennemis déclarés des intermédiaires, s'empresser de jouer le rôle de ceux qu'ils attaquent.

Illogique, cette conception est en outre injuste, et même contraire à la loi. Elle est contraire à la loi en ce que l'intérêt n'étant pas considéré comme un bénéfice, mais comme une charge figurant dans les frais généraux, le capital, exclu des bénéfices, continuerait cependant à courir les risques. Les art. 1853 et 1855 s'y opposent. Elle est injuste parce qu'elle crée entre les associés capitalistes et les autres associés une inégalité manifeste, d'abord par la répartition des bénéfices produits par l'union nécessaire de ces deux groupes, et aussi parce que, en cas de perte, les ouvriers ou consommateurs ne perdront en réalité quoi que ce soit, en cette qualité : le salaire considéré comme charge sociale leur sera toujours payé, les marchandises achetées resteront entre leurs mains. L'absence du bénéfice constituera pour eux, suivant la vieille formule, simplement un *lucrum cessans*, tandis que les capitalistes subiront bien véritablement un *damnum emergens*, par la perte de leur capital.

Nous conclurons en disant que, dans toute coopérative, le capital et le travail peuvent être représentés par les mêmes personnes ou par des personnes différentes et que dans les deux cas, ils doivent l'un et l'autre participer aux gains et aux pertes.

Comment le travail pourra-t-il participer aux pertes? Autrement dit en quoi consisteront les risques courus par le travail ?

Nous avons dit que le fait de ne pas toucher un bénéfice éventuel ne peut être considéré comme une perte.

Pour le travailleur associé en nom ou commandité, le risque social, consistera dans la responsabilité solidaire et illimitée qu'il encoure vis-à-vis des tiers. Vis-à-vis de ses co-associés on lui appliquera, le cas échéant, l'art. 1853 C. civ. (1). Dans une société par actions, le seul moyen pour que le travailleur participe aux pertes, est d'en faire un actionnaire. Pour cela on mettra les actions à sa portée en abaissant leur taux au minimum, et, le premier versement du quart ou du dixième une fois effectué, il se libèrera du surplus par l'accumulation de la part qu'il pourrait toucher effectivement dans les bénéfices et qu'on affectera au paiement intégral de son action.

Ajoutons que si l'on veut atteindre le but moralisateur des sociétés coopératives, sur lequel socialistes et tous autres sont d'accord, il est nécessaire qu'en toute hypothèse, le travailleur soit propriétaire d'une part sociale.

1. En ce sens M. Planiol, t. II, n° 2019. Houpin, *Contrà*. M. Thaller, n° 388.

On voit que la coopération se présente sous les aspects les plus divers suivant les proportions dans lesquelles le capital et le travail seront unis dans les mêmes personnes ou au contraire représentés par des personnes différentes.

Une autre cause de diversité vient de la proportion suivant laquelle ces deux éléments participeront aux bénéfices. Nous n'avons pas besoin de rappeler que, légalement, cette proportion peut être très variable. En matière de coopération il n'y a pas de règle absolue à poser sur ce point.

Comme l'a dit devant le Parlement, M. Laroche-Joubert dont le nom a quelque autorité en pareille matière : « Il est impossible de déterminer d'une ma-« nière générale la quotité à attribuer dans une entre-« prise quelconque aux différents éléments qui concou-« rent à la production des bénéfices. C'est une question « d'espèce, et purement d'espèce. Le capital et le tra-« vail sont des éléments dont la proportion est essen-« tiellement variable par rapport aux produits et aux « bénéfices (1) ».

Mais si la proportion est variable, le principe édicté par les articles 1853 et 1855 C. civ. est absolu.

Cette rigueur nous conduit aux conséquences suivantes, au sujet de ceux qu'on appelle en matière de coopération les « auxiliaires ».

1. *Annales de la Chambre des députés*. Séance du 26 avril 1893, p. 21.

Dans toute entreprise les travaux sont d'importance variable. Il y a des périodes de plus grande activité qui nécessitent une main-d'œuvre plus considérable. La société sera forcée pour faire face à ses engagements, de s'adjoindre des travailleurs. Quelle sera la situation de ces derniers ?

L'expérience a démontré que trop souvent, vis-à-vis d'eux, les sociétés coopératives se comportaient comme les plus durs des patrons. Beaucoup d'entre elles ne se sont pas contentées de s'adjoindre des salariés dans des périodes de « presse ». Elles se les sont adjoints d'une manière permanente. Aussi faut-il reconnaître que M. Mangin a raison de dire « qu'en réalité la plu-
« part de ces associations dites ouvrières, et particu-
« lièrement celles qui ont le plus duré et qui ont le
« mieux réussi, sont devenues à la longue, de vérita-
« bles sociétés de patrons : c'est un petit groupe pos-
« sédant le capital social, qui participe à la direction
« et aux bénéfices, et qui emploie d'ailleurs un plus
« ou moins grand nombre de salariés, si bien, qu'en
« fin de compte, dans la plupart des cas, la prétendue
« suppression du patronat n'est qu'une pure fiction, et
« l'on est simplement en présence de quelques indivi-
« dus plus économes et plus avisés que les autres, qui,
« en réunissant leurs épargnes et leurs efforts, ont
« réussi à former un capital (1). »

1. Cité par la *Rev. des Sociétés*. Année 1884, p. 62.

Il est bien certain que ces individus avisés ne font pas de là coopération. Mais l'opinion de M. Mangin se fait chaque jour moins exacte, en ce sens que les coopératives de production créées dans ces dernières années font en général à leurs auxiliaires une situation spéciale, en leur accordant la participation aux bénéfices. Bien qu'il y ait similitude de nom, et de procédé entre la participation aux bénéfices pratiquée par une coopérative et celle qui est consentie par un patron, il n'y a pas au point de vue juridique, identité entre les deux situations. En effet le patron reste absolument libre de stipuler la participation aux bénéfices : s'il ne le fait pas il n'en conservera pas moins son caractère juridique. Au contraire si les sociétés coopératives ne l'adoptent pas elles cesseront à notre sens, d'être des sociétés coopératives pour devenir des sociétés intermédiaires, la participation aux bénéfices est pour elles une nécessité, c'est-à-dire, une obligation. Or, toute obligation suppose en face d'elle un droit : les titulaires de ce droit seront les auxiliaires.

Comment et à quelles conditions les auxiliaires pourront-ils exercer ce droit?

Ils devront fournir leur travail. Mais c'est là une charge minime, eu égard aux avantages qu'ils retirent. Pour que leurs charges soient en rapport avec ces avantages il est nécessaire qu'ils participent aux charges sociales. Autrement on arriverait à constituer une sorte de salariat idéal où les travailleurs auraient des droits très étendus, et des charges aussi restreintes que possible.

Pour réaliser cette conception, et répondre au besoin d'extension des Sociétés coopératives, tout en respectant l'égalité entre les travailleurs d'une même entreprise, il suffit d'admettre que les travailleurs adjoints à la Société sont des associés en formation, et que, dès leur entrée dans la Société, leur responsabilité se trouvera engagée en proportion des avantages qu'ils en auront retirés. Leur part sociale sera constituée par l'accumulation de leur quote-part de bénéfices.

Ils se trouveront soit au point de vue de l'entrée dans la Société soit au point de vue de la sortie, dans la situation où se trouve en pareil cas l'associé d'une société à capital variable et c'est précisément pour répondre aux besoins d'extension momentanée que la variabilité du capital a été introduite dans nos lois.

D'après l'exposé que nous venons de faire, il faudra pour qu'une société de production soit et reste coopérative : 1° que *tous* les agents de production aient une part dans les bénéfices, ou, sous une autre forme, que les bénéfices réalisés ne soient pas prélevés sur d'autres que ceux auxquels ils sont attribués. 2° que tous ces agents de production, profitant des gains, aient aussi leur part de responsabilité et supportent le cas échéant, leur quote-part dans les pertes.

On peut appliquer le même raisonnement aux Sociétés de consommation (et de crédit). Pour abréger, nous n'avons pas craint de nous en occuper accessoirement dans l'examen que nous avons fait des conditions d'existence des Sociétés de production.

Il nous suffira d'étudier sommairement le mécanisme des Sociétés de consommation.

Une de ces Sociétés achète une certaine quantité de denrées. Tant que ces denrées resteront dans les magasins de la Société, elles immobiliseront sans profit le capital qu'elles représentent. Pour que ce capital devienne productif, il faut qu'il sorte de ces magasins pour passer entre les mains des consommateurs, terme de la circulation de tout produit.

Ces consommateurs sont donc les agents nécessaires du gain obtenu par la Société, mais en même temps ils devront être membres de la Société, avec toutes les charges que comporte la qualité d'associé. Si la Société prélevait un gain sur d'autres que ses membres, elle se comporterait comme un intermédiaire ordinaire.

Mais, comme les Sociétés de production, les Sociétés de consommation ont besoin de s'étendre. Plus le nombre des consommateurs sera grand, plus les achats en gros seront importants, et à meilleur compte ils se feront. Cette extension se fera, comme pour les Sociétés précédemment envisagées, par l'adjonction de nouveaux membres qui entreront dans la Société dans les mêmes conditions que les membres fondateurs, encourront une responsabilité dès leur entrée, et supporteront les pertes suivant une proportion à établir.

Notons ici, qu'on peut fort bien admettre dans ces Sociétés la présence d'associés capitalistes, non consommateurs. Mais il faut remarquer que les ventes de la Société, se faisant, suivant un usage général, au comptant, et la clientèle avec ses besoins, étant connue, les aléas courus par le fond social seront très réduits. Par suite, la part de bénéfices revenant aux capitalistes non consommateurs, pourra être fort restreinte.

L'union intime du capital et du travail ou de la consommation que nous avons constatée nous amène à dégager un dernier trait commun à toutes les sociétés coopératives : celui de n'être ni tout-à-fait des sociétés de personnes quand elles sont formées par intérêt, ni entièrement des sociétés de capitaux, mêmes quand elles sont constituées par actions. Dans les sociétés par intérêt, la facilité avec laquelle la société peut étendre son personnel, la nécessité de maintenir la concorde et l'union entre les associés en permettant d'exclure ceux qui voudraient les troubler, ont amené à envisager avec moins de rigueur l'*intuitus personnæ*. Le second de ces motifs, et aussi la part prise individuellement par chaque associé à la réalisation des bénéfices sociaux, ont obligé à tenir un certain compte de la valeur personnelle des associés, même dans les sociétés par actions.

Si, maintenant, nous rappelons la définition que nous avons donnée de la coopération, et si nous généralisons les explications qui précèdent, nous dirons que les sociétés coopératives sont des sociétés mixtes de personnes et de capitaux ayant pour but de se substituer à un ou plusieurs intermédiaires en s'attribuant le profit que ces intermédiaires prélevaient sur les associés, et dont les membres, sont seuls et à la fois, les agents et les bénéficiaires du profit ainsi obtenu.

Cette définition et l'exposé précédent, sont, nous devons le faire remarquer, la paraphrase et le développement de la définition donnée et des idées émises par M. Thaller dans son manuel de Droit Commercial.

Pour le savant auteur : « Le trait propre de la coo-« pération ne tient pas à ce que l'apport de travail « prévaut dans les Sociétés coopératives sur l'apport « de capital. Car on est souvent témoin dans une so-« ciété ordinaire du même fait, et, en outre, dans une « coopérative, il serait plus vrai de dire que les deux « apports se combinent ensemble et se réunissent au « profit des mêmes prenant part.

« *Coopérer* ne signifie point opérer ensemble, mais « travailler avec. La Société coopérative est celle qui « travaille avec ses propres associés.

« L'associé y occupe un double rôle, il est à la « fois : 1° membre de la Société dont il court les ris-« ques, avec un droit déterminé dans ses bénéfices ; « et, 2° d'autre part, il est tantôt le client d'affaires et « tantôt l'agent de main-d'œuvre de cette même so-« ciété.

« Si la Société a un chiffre d'affaires déterminé, elle « le doit à ses associés : ceux-ci lui réservent leurs « commandes, ou viennent emprunter, faire escomp- « ter leur papier auprès d'elle

« Si la société a dans ses ateliers des ouvriers inté- « ressés à sa marche et peu disposés à la quitter, c'est « parce que ses associés sont ses propres ouvriers » (1).

Partant de cet exposé, M. Thaller a donné le premier une définition vraiment rationnelle et juridique de la société coopérative en disant qu'elle est « une « Société qui approvisionne ses propres membres en « denrées, en marchandises, ou qui leur procure l'ha- « bitation, les avances d'argent, ou qui encore trouve « dans ses membres son personnel de main-d'œuvre, « de manière à répartir les bénéfices aux adhérents « au prorata du chiffre annuel d'affaires ou de travaux « de chacun d'eux avec la maison » (2).

Nous avons simplement essayé de ramener cette définition à des termes tout-à-fait généraux.

Mais la formule que nous donnons soulève dès l'abord, une objection des plus graves : nous considérons les sociétés coopératives comme étant de véritables sociétés ; ne doit-on pas les considérer plutôt comme des associations ?

Si cette seconde manière de voir était admise, il est

1. M. Thaller, *op. cit.*, n° 804.

2. Id. n° 806.

bien évident que notre conception de la société coopérative devrait être entièrement modifiée, et que notre définition serait inexacte.

Nous devons en démontrer l'exactitude et prouver que les Sociétés coopératives sont bien de véritables Sociétés.

CHAPITRE II

Les sociétés coopératives sont-elles de véritables sociétés.

Si l'on envisage les organisations coopératives dans leurs membres, elles peuvent constituer ou des associations, ou des sociétés.

Envisagées dans leur patrimoine, elles peuvent être soumises, soit au régime de l'indivision, soit au régime de la propriété collective.

Nous entendons démontrer que d'une part, les coopératives ne sont pas des associations, que, d'autre part, elles ne sont point soumises au régime de l'indivision, mais qu'elles sont bien des sociétés et sont soumises, comme telles aux règles de la propriété collective.

Avant d'entamer cette démonstration, il est nécessaire de préciser ce que nous entendons par le mot « association ». Il règne en effet quelque désaccord sur le sens précis de ce terme.

Dans une première acceptation, toute société serait une association, celle-ci étant considérée comme « un con-« trat par lequel plusieurs personnes mettent en com-

« mun leur activité, et, au besoin des revenus ou des « capitaux en vue d'atteindre un but, ou d'exercer une « influence que leur isolement rendrait plus difficile « ou même impossible (1) ». D'après cette définition, la société est à l'association comme l'espèce est au genre (2). Il faut reconnaître que c'est là le sens grammatical et logique de ce mot. Mais on sait que la logique n'est pas toujours d'accord avec les faits.

Pour d'autres et notamment pour M. Guillouard « les « deux mots Société et Association se prennent indif- « féremment l'un pour l'autre ». L'éminent auteur fait reposer cette opinion sur une considération historique. Dans l'ancien droit, ces deux mots n'étaient pas synonymes, et désignaient deux institutions différentes, mais cette différence entre eux, « ne peut plus exister aujour- « d'hui, puisque les sociétés taisibles ou associations « qui se formaient entre personnes vivant *à pain et à* « *pot* pendant an et jour, ne sont pas reconnues par « le Code (3) ».

Voici comment MM. Baudry-Lacantinerie et Wahl réfutent cette opinion : « C'est selon nous une inexac- « titude. L'association est comme la société la réunion « d'intérêts communs, coalisés dans un but actif (en « cela elle se distingue de la Communauté ou indivi- « sion), mais où les parties veulent, ou bien se prému-

1. M. Planiol. T. II, n° 2034.

2. M. Thaller. N° 223.

3. Guillouard. *Société*, p. 15, s.

« nir d'une perte,. ou bien réaliser un but étranger à « leurs intérêts matériels. Si l'association ne se dis- « tinguait pas de la société, comment qualifierait-on « les cercles, les associations musicales et artistiques, « etc ?... sans doute, dans la pratique, on voit souvent « qualifier de sociétés ces sortes de réunions, de même « que quelquefois, mais plus rarement, les sociétés sont « traitées d'associations. Mais, juridiquement, les deux « termes comme les deux idées qu'ils contiennent doi- « vent être soigneusement distingués » (1).

On s'est habitué, en effet, à donner au mot « association » une acceptation précise et spéciale, et on l'oppose à la société (2). On constate que la société est « un contrat prévu et réglementé par la loi », tandis que « l'association est un contrat que la loi ignore et dont elle a même fait un délit » ; que la société proprement dite est caractérisée par son but pécuniaire, parce qu'elle cherche un « résultat appréciable en argent, spécial aux associés », alors que les associations ne se proposent pas pour objet la poursuite et le partage des gains ; que les premières enfin, poursuivent toujours un but égoïste et pratique, les secondes un but plutôt idéal et d'ordre général.

C'est dans ce dernier sens, nettement opposé à la société proprement dite, qu'on a pris le mot associa-

1. MM. Baudry-Lacantinerie et Wahl. *Société*, p. 6.

2. M. Thaller nos 220 s. 224, 225. M. Ptaniol, t. II, no 2035 s.

tion, dans la loi qui vient d'être votée par la Chambre des députés.

C'est aussi à cette acceptation qu'on se réfère quand on se demande si les coopératives sont ou non des associations.

L'intérêt de la distinction se présente sous plusieurs faces.

1° Si les sociétés coopératives sont de véritables sociétés, elle pourront se constituer librement, sans l'intervention des autorités administratives. Si, au contraire elles sont des associations, leur constitution sera soumise, lorsqu'elles comprendront plus de vingt membres au contrôle, à l'autorisation de l'administration.

2° Comme sociétés, elles jouiront sans entraves des avantages attachés à leur caractère de personnes morales (1). Comme associations, leur situation dépendra entièrement du bon vouloir de l'administration. Pour exercer les attributs de la personnalité morale, il faudra qu'elles soient *reconnues* par un décret, et encore ne pourront-elles exercer leurs droits et privilèges qu'avec certaines restrictions. Si elles sont simplement autorisées, bien que dans la réalité des faits, elles constituent des personnes collectives, elles ne pourront en exercer les droits, et se trouveront réduites

1. Nous admettons, suivant en cela l'autorité de MM. Thaller, Planiol, Berthelemy et Saleilles (à son cours 1899-1900) que les sociétés civiles forment des personnes morales.

« au régime imparfait et incommode de la propriété « indivise (1) ».

3° Veulent-elles changer l'objet pour lequel elles sont constituées, ou étendre à d'autres objets le cercle de leurs opérations, les sociétés peuvent le faire, sous certaines conditions légales, mais par elles seules. Les associations n'ont pas la même faculté. Leurs opérations sont circonscrites aux objets prévus par leurs statuts. Toute modification entraînerait leur dissolution, et, peut-être, des poursuites correctionnelles contre leurs membres.

4° Les sociétés ne prennent fin que par la volonté des associés exprimée à l'avance, dans les statuts, ou manifestée par un vote de l'assemblée générale. L'existence des associations est au contraire subordonnée au caprice de l'administration qui peut, soit les dissoudre, soit leur retirer la reconnaissance par laquelle elle leur a permis d'exercer les droits attachés à la personnalité collective.

M. Thaller admet (2) entre l'association et la société une différence considérable. En cas de liquidation, l'actif social sera partagé entre les associés, dans les sociétés. Au contraire les biens des associations dissoutes seront dévolus à l'Etat, parce que les membres de ces associations, s'en sont irrévocablement dessaisis en les affectant à une œuvre placée en dehors d'eux.

1. M. Berthelemy, p. 530, s.
2. N. 231.

Il nous paraît plus équitable de considérer cette affectation comme conditionnelle : la condition réside dans ce fait que les biens seront gérés par l'Association suivant les dispositions prises par le donateur. D'autre part nous admettons avec M. Planiol (1) que les Associations ont une individualité propre douée de certains attributs en dehors de toute autorisation, ou reconnaissance. En cas de dissolution par l'Etat, les biens de l'Association retomberont du régime de la propriété collective, dans le régime de l'indivision.

Quoi qu'il en soit de ce dernier point, le régime de l'association et celui de la société sont très différents. D'un côté la liberté la plus complète, l'autonomie la plus absolue, avec la seule obligation de se conformer à des lois générales et préexistantes. De l'autre, la suspicion, l'arbitraire, et souvent, la partialité et l'injustice.

La question de savoir si les sociétés coopératives sont de véritables sociétés ou des associations n'est donc pas une simple querelle de mots, mais présente un intérêt capital.

Comment cette question a-t-elle pu s'élever ?

M. Hubert Valleroux l'explique de la façon suivante (2). On nous permettra de le citer longuement : nous ne saurions nous exprimer en termes plus clairs.

1. T. I, nos 570 et 745. notamment 753 et s.

2. *Rev. des Soc.* 1897, p. 316.

« Il y a maintenant des sociétés d'une sorte inconnue « à l'époque du code civil et que les rédacteurs de ce « code n'avaient pas prévues : ce sont les sociétés coo- « pératives. Il y a des sociétés coopératives de bien « des sortes. Prenons les sociétés de consommation. « Leurs membres sont des particuliers qui s'associent « pour acheter en gros des marchandises, surtout des « denrées alimentaires qu'ils se distribueront ensuite « entre eux (1). Ils espèrent ainsi avoir ces marchan- « dises à meilleur compte et de bonne qualité. Ces « sociétés procèdent de deux façons : ou elles font « payer à leurs membres le prix courant, celui des « marchandises et elles distribuent en fin d'exercice « les bonis, soit en proportion des achats, soit en pro- « portion des actions. Pas de doute, il y a bien ici « société. Mais voici d'autres associations se proposant « le même but, agissant différemment. Elles vendent à « prix de revient, soit au prix où elles-mêmes ont « acheté, ajoutant seulement à ce prix un tant 0/0 des- « tiné aux frais et aux pertes. Si ce tant 0/0 se trouve « trop fort, l'excédent qu'il procure est versé à la « réserve, sans que les sociétaires aient rien à préten- « dre, la réserve restant indivisible. Il n'y a donc aucun « partage de bénéfices : ces associations sont-elles des « sociétés au sens de l'art. 1832 ».

1. Cette manière de voir n'est pas très exacte. Nous établirons par la suite que les opérations des coopératives constituent toute autre chose qu'une distribution ou un partage.

Les sociétés de crédit...« reçoivent des dépôts dont « elles paient par exemple 3 0/0 et puis elles prêtent « à leurs membres, soit directement, soit sous la forme « d'escompte ce même argent à 4 ou 4 1/2 0/0. La « différence, déduction faite des frais généraux, donne « un profit, lequel est, ou distribué aux sociétaires, c'est « le premier type, ou versé à la réserve, laquelle est « indivisible, c'est le second type ». Les sociétés coopératives conformes à ce second type « peuvent-« elles se réclamer de l'art. 1832 du C. Civ. et sont-« elles des sociétés ? »

« On l'a nié au congrès de Lille (1) en disant : l'ar-« ticle du Code est net ; il faut qu'on se propose un « partage de bénéfices ; or, ici nous avons affaire à « des associations, qui, très expressément renoncent à « tout partage de leurs profits ; elles ne sont donc pas « des sociétés et le code n'est pas fait pour elles ».

On a émis une opinion bien plus radicale que celle-ci. On ne distingue pas entre les deux types de sociétés de consommation ou de crédit, et on leur refuse la qualité de sociétés alors même qu'elles répartissent des bonis en fin d'exercice.

« Les sociétés de consommation, disent MM. Baudy-« Lacantinerie et Wahl (2), sont des sociétés civiles, si « on les considère comme des sociétés... Il en est de

1. IX congrès des banques populaires tenu à Lille les 4-7 avril 1897.

2. Société, n° 121, p. 75.

« même des société de production. Mais il est préfé-
« rable de voir dans les sociétés coopératives des
« associations, car les associés n'y cherchent pas le
« gain ».

M. Thaller, sans se prononcer d'une façon bien catégorique, estime « qu'on pourrait aller jusqu'à refuser
« à ces entreprises la dénomination de Sociétés véri-
« tables. La Société doit en effet, se proposer un par-
« tage de bénéfices (a.1832) : or, la coopération pro-
« cède à des bonis de restitution qui ne sont point à
« proprement parler des bénéfices » (1).

Cette opinion est partagée par un grand nombre d'économistes (2).

Toute la difficulté se concentre sur le mot « bénéfice » employé par l'a. 1832. Nous démontrerons ultérieurement que les Sociétés coopératives réalisent bien des bénéfices : ce sera la partie en quelque sorte, positive, de notre argumentation. Pour l'instant, nous essaierons d'établir, à un point de vue négatif, que les coopératives ne sont pas des associations.

On a vu, par les opinions de divers auteurs que nous avons précédemment citées, que le caractère essentiel, d'une association, est de ne pas se proposer un but pécuniaire ou lucratif. Suivant la formule employée par l'un de ces auteurs, les associations doivent avoir

1. N° 813.

2. Voir l'intéressante étude de M. Lecaisne, sur la nature juridique des sociétés coopératives de consommation v. not. p. 13 s.

pour but de protéger leurs membres contre une perte, de leur procurer des jouissances immatérielles ou d'être utiles ou agréables à autrui.

Les Sociétés coopératives ne se proposent aucun de ces objets. Elles n'ont certainemeut pas pour but la recherche de jouissances immatérielles. Elles ne cherchent pas davantage à être utiles ou agréables à autrui : il arrive que des Sociétés consacrent une partie de leurs bénéfices à une œuvre d'intérêt social ; mais en général cette œuvre ne concerne que leurs membres ; d'autre part ce n'est pas seulement en vue de cette œuvre qu'elles se fondent.

On a soutenu qu'elles ne faisaient que protéger leurs membres contre une perte, laquelle serait représentée par la somme dont on paye le concours de l'intermédiaire. C'est là détourner le mot « perte » du sens qui lui est universellement donné. On subit une perte lorsqu'on est privé sans contre-partie, d'un bien dont on a la propriété et la possession. On ne fait pas une perte quand on se procure une marchandise au prix ordinaire du détail, c'est-à-dire, à un prix en rapport avec la valeur d'échange de cette marchandise. Si l'on achète une denrée au-dessous de ce cours, on profite de la différence entre le prix qu'on a payé et la valeur d'échange de la denrée achetée. On met ainsi dans son patrimoine une valeur supérieure à celle dont on se prive. On ne s'est pas préservé d'une perte : on a réalisé un gain.

Il n'est donc pas exact de considérer les coopératives comme n'ayant pas un but lucratif.

Telle est l'opinion de M. Hubert-Valleroux : « Les « membres des sociétés coopératives cherchent bien « un but lucratif et matériel : se procurer à meilleur « marché et de meilleure qualité les choses nécessai- « res à la vie, ou bien obtenir à de meilleures condi- « tions le prêt ou les escomptes nécessaires à leur « culture ou à leur commerce ».

Ces sociétés coopératives ne sont donc pas des associations.

Ne pouvant les faire rentrer dans la catégorie des associations, on a essayé, au lieu de considérer les coopératives comme de véritables sociétés, de les faire rentrer dans une sorte de catégorie intermédiaire et mal définie.

Ce système a été soutenu par M. Louis Durand président de « l'*Union des caisses rurales* (1) ». L'auteur avait surtout pour but d'établir la légalité des sociétés qu'il représentait et qu'on avait, au congrès de Lille, prétendu illégales, sous le prétexte qu'elles n'avaient pas pour but le partage de bénéfices. Il reconnaît qu'elles ne sont pas des sociétés. « Mais, dit-il, l'art. « 1107 Code civil divise les contrats en deux classes : « les contrats innomés soumis aux seules règles du « titre III, et les contrats « qui ont une dénomination

1. *Rev. Soc.* 1897, p. 376, s.

« propre », soumis en outre à des règles établies sous « les titres relatifs à chacun d'eux.

« Or, il y a un titre relatif au contrat de société : « quels sont les contrats qui seront soumis aux règles « propres à la société ? Ce sont ceux qui rentrent dans « la définition que le Code donne à ce contrat dans « l'art. 1832.

« L'art. 1832 donne une simple définition : est, *stricto* « *sensu*, société, le contrat qui remplit les trois condi- « tions de l'art. 1832. Si l'une de ces conditions fait « défaut, il n'y a pas société, il y a un contrat autre, « qui peut être un contrat de prêt, de mandat, de loua- « ge, etc..., ou un simple contrat innomé ».

Quel que soit le contrat qui s'appliquera dans ce système aux rapports personnels des associés, nous ne croyons pas que pour les biens mis en commun, il y ait place, en l'état de notre législation, pour un régime intermédiaire entre celui de la propriété collective et celui de l'indivision.

Si les coopératives ne sont pas des sociétés, c'est à ce dernier régime que seront soumis les biens mis en commun. Les associés se trouveront alors dans la même situation que s'ils appartenaient à une association non reconnue.

Ils pourront contracter par un représentant, mais les engagements pris par celui-ci dans la mesure de son mandat entraînera la responsabilité personnelle et illimitée des mandants ; si le représentant outrepasse les limites du mandat, il ne les engagera que dans ces limites, et les tiers seront frustrés. Il pourront plaider par leur représentant, mais il faudra que « les noms « de chacun d'eux figurent dans tous les actes de pro- « cédure et dans la rédaction du jugement » (1).

Les statuts peuvent autoriser le représentant à agir à l'égard de l'un des associés sans mentionner dans les actes les noms de tous les autres : mais il ne peut le faire vis-à-vis des tiers, sous le consentement de ceux-ci, qui le refuseront fréquemment.

Ces résultats seront dus à ce que la séparation ne s'opérera pas entre le patrimoine personnel des intéressés et le patrimoine mis en commun.

Ils se produisent toutes les fois que les Syndicats font pour leurs membres des opérations d'achats ou de vente qui leur sont formellement interdites par l'article 3 de la loi du 24 mars 1884. Ces syndicats ne peuvent en aucune façon être considérés, ainsi qu'il arrive souvent, comme des coopératives agricoles. C'est là une situation gênante. Mais pour y échapper, les syndicats n'ont qu'à suivre l'excellent conseil qui leur a été donné par le ministre du commerce, et qui consiste à créer à côté d'eux, parallèlement avec eux, et avec le même personnel administratif, des sociétés coopératives de consommation faisant en commun les achats de machines et engrais.

1. M. Berthélémy. p. 533. Garsonnet. 2e éd. T. I, p. 506.

De cette façon, leurs membres échapperont au régime de l'indivision, car les Sociétés coopératives n'y sont pas soumises.

En effet, l'indivision est un régime subi : la coopération est essentiellement voulue et cherchée ; l'indivision est un régime précaire dans lequel nul n'est tenu de rester, les conventions par lesquelles on voudrait proroger sa durée ne sont valables que pour cinq années (art. 815, C. civ. modifié pour les Sociétés d'habitations à bon marché par la loi du 30 nov. 1894) : au contraire les coopératives peuvent assigner à leur existence une durée quelconque. Enfin leur patrimoine n'est pas dans cet état de passivité qui est le caractère de l'indivision : il a été constitué dans un but essentiellement actif, et ce but est la recherche et le partage de bénéfices.

Il est temps de prouver, qu'à ce point de vue, ces sociétés répondent bien aux exigences de l'art. 1832 du C. civ.

M. Hubert-Valleroux fait observer que pour interpréter le sens dans lequel le mot bénéfice a été employé par le législateur, dans l'art. 1832, il faut appliquer à l'interprétation de ce texte la méthode d'interprétation large, préconisée par le code pour l'intelligence des conventions. Le législateur, d'après M. Hubert-Valleroux, a envisagé le fonctionnement ordinaire d'une société et non point posé des règles restrictives.

Il est inutile d'invoquer cet argument, car le sens du

mot bénéfice dans l'art. 1832, nous est clairement indiqué par la tradition, et par l'usage.

« D'après la jurisprudence et la doctrine actuelle « dit M. Planiol (1), la société aurait nécessairement « pour but la réalisation et le partage de bénéfices, et « on se représente ces bénéfices sous la forme de « *dividendes en argent* distribués aux associés à la « fin de chaque exercice, comme si cette forme pécu- « niaire de profits était nécessaire à la conception même « de la Société.

« Ce n'est pas ce que dit le code, ni ce que nous « enseigne la tradition. Pour Pothier, la société est le « contrat par lequel deux ou plusieurs personnes met- « tent en commun, soit leurs biens, soit leur industrie, « pour en retirer le profit en commun. (Coutume d'Or- « léans. Introd. au tit. XI, n° 1). Or, le profit qu'on « peut retirer de certains biens communs, n'est pas « nécessairement un bénéfice en argent, un enrichisse- « ment annuel, analogue à celui des commerçants ; ce « peut être aussi le simple usage des choses, consis- « tant à retirer en commun et en nature, l'utilité qu'elles « peuvent donner... Nous n'avons jamais eu en matière « de Sociétés d'autre conception que celle qui nous « vient du droit romain »...

C'est dans cette acception large que notre langue a toujours pris le mot bénéfice. Elle n'y a point vu né-

1. T. II, n° 1990.

cessairement un dividende en argent. Tous nos dictionnaires — s'il est permis d'invoquer leur autorité en pareille matière — jusqu'à celui de Hatzfeld, et Darmesteter, le dernier en date, nous montrent le bénéfice comme étant un « gain », un « profit ».

Tout ce qu'on exige, c'est que ce profit soit appréciable en argent. D'après Troplong (1), le mot bénéfice : « n'a en vue que les gains, les profits ou avan-
« tages pécuniaires ou appréciables en argent, que,
« soit le travail, soit l'esprit de spéculation, soit une
« bonne combinaison, retirent d'une affaire ou d'une
« exploitation quelconque... ; c'est l'émolument appré-
« ciable en argent qui s'ajoute à la masse des biens du
« père de famille... en un mot ce qui le fait plus riche,
« et accroît son bien-être matériel ».

Que les sociétés de consommation ou de crédit répartissent ainsi des bonis, en fin d'année, ou qu'elles se bornent à majorer leurs prix de revient de la quotité strictement nécessaire pour couvrir leurs frais généraux, elles n'en recherchent pas moins, « les unes un crédit moins cher, les autres des produits de meilleure qualité et à meilleur marché. N'y a-t-il pas là un avantage appréciable en argent? N'y a-t-il pas une augmentation du patrimoine des associés, comme nous l'avons indiqué déjà ?

Ce sont bien des bénéfices tangibles, partageables

1. Cité par P. Pont. *Société*, 2ᵉ édit., p. 52 en note.

et d'ailleurs partagés entre les associés (1). Dans le cas de vente au prix du détail, le bénéfice sera réparti en fin d'année ; dans le cas de vente au prix d'achat, le profit arrive aux associés à chaque opération.

Cette conception du bénéfice est celle de l'illustre professeur Vivante pour lequel « est bénéfice non seu- « lement ce qui est distribué aux associés en argent « comptant, mais en espèce ou en services : la vie ou « le crédit à meilleur marché, le travail plus équita- « blement rétribué et plus certain sont des espèces de « bénéfices qui se répartissent directement entre les « coopérateurs » (2).

On a voulu expliquer l'opération réalisée par les coopérateurs en disant qu'ils font une simple épargne et non un gain. C'est inexact. L'épargne suppose, ainsi que le démontre M. Gide (3), une certaine souffrance, une privation, un sacrifice. Le coopérateur n'a pas besoin, pour réaliser un profit de réduire sa consommation, de se priver de quoi que ce soit : plus il dépense, plus il gagne.

Tout en reconnaissant que les Sociétés de coopération ont pour but la recherche de bénéfices, on leur a fait un autre grief, basé sur ce que ce bénéfice n'arrivait pas simultanément à tous les associés, à chacune

1. Vavasseur. *R. Soc.*,1 897, p. 380.

2. *Trattato di Diritto Italiano*, vol. I, p. 311.

3 *Principes d'Econ. Pol.*, p. 414.

des opérations. On ne saurait adopter cette manière de voir. L'achat en gros, tout d'abord est fait au nom de tous, et profite en même temps à chacun des associés. En second lieu le bénéfice ne pourra être connu qu'en fin d'exercice et il variera suivant qu'il restera plus ou moins de marchandises en magasins : par suite tout achat qui contribue à écouler cet approvisionnement profite simultanément à tous les associés et augmente leur part de gain.

Quel que soit le point de vue auquel on se place, on est amené à reconnaître que les Sociétés coopératives, ont le caractère de véritables sociétés.

C'est ce que fait M. Cauwès, implicitement tout au moins, lorsqu'il distingue, sans restriction, les Sociétés coopératives en Sociétés civiles et en Sociétés commerciales (1).

Telle est aussi l'opinion de M. Planiol : « Une association coopérative de consommation est une société... « chacun des associés gagne une partie du prix d'achat ; « il évite une dépense, et l'économie faite est l'équivalente d'une rentrée de fonds : les bénéfices réalisés « par l'achat en commun, se répartissent entre tous « les associés, proportionnellement à leur consommation « journalière ».

Véritables Sociétés suivant les termes de l'art. 1832 du C. civ. les coopératives sont comme toutes les So-

1. *Cours d'Ec. Pol.* III, p. 329.

2. T. II, n° 2037.

ciétés des personnes morales, et voici ce que nous en-entendons par là.

Nous ne considérons pas la personne morale comme distincte des membres qui la composent, en ce sens qu'elle existerait à côté et en dehors d'eux.

Par conséquent nous repoussons la doctrine traditionnelle, qui, dans une société de vingt personnes, constatait l'existence de vingt-et-une personnes, dont les vingt membres, plus la personne morale, simple création de la loi, à qui l'on attribue tous les caractères d'une personne naturelle, avec des exagérations que l'on a parfaitement critiquées (1). Nous ne croyons pas davantage que cette personne se concrétise pour ainsi dire, par ce fait qu'elle a un local, un mobilier (2), etc., et nous ne nous rangeons pas à l'opinion du professeur allemand Gierke qui admet un être collectif *réel à côté* des associés.

Nous croyons que la personnalité morale est avant tout un mot qui recouvre la propriété collective (3), mais toute propriété supposant un titulaire si l'on recherche quel est, en l'espèce, le propriétaire, on s'aperçoit que ce sont les associés réunis « comme s'ils ne faisaient qu'un » (4). Pris dans leur ensemble ils ne « forment

1. M. Planiol. T. I n° 726.

2. M. Hauriou Précis. de D. Adm. 3e éd. p. 124.

3. M. Planiol T. I. n° 675. s.

4. M. Berthélemy. p. 517.

qu'un sujet de droit » lequel « sera juridiquement capable à l'instar d'un individu » (1).

Pour réaliser ce sujet de droit, il ne suffit pas qu'il y ait propriété collective, il faut « non seulement un « patrimoine séparé et indépendant, mais encore un « organisme corporatif destiné à réaliser la volonté col- « lective qui se dégage des volontés particulières » (2).

Enfin ce « sujet de droit » que forme l'ensemble des associés considérés comme s'ils ne formaient qu'une seule personne, n'est pas une création de la loi, mais vient de la nature même des choses. La loi ne fait que le reconnaître.

« La personnalité, dit M. Thaller, se dégage non « point des articles précités (529 C. c. 269 C. P.) mais « de la structure du contrat de Société » (3).

Il faut même admettre avec M. Planiol, que l'association simplement autorisée, « possède une individualité « propre qui la rend idoine à fonctionner dans l'ordre « d'entreprise déterminée par ces statuts. » (4).

Par ces paroles M. Planiol ne fait que citer un système de jurisprudence, mais il semble bien adopter ce système.

M. Berthélémy nous paraît exprimer la même idée, lorsqu'il dit (5) qu'« on peut concevoir sans fiction

1. M. Berthelemy, p. 517.

2. M. Saleilles à son cours, 1899-1900.

3. N° 299.

4. M. Planiol T. I. n° 773.

5. Page 515.

« l'association comme distincte de ses membres avant même que la personnalité morale ne lui soit attribuée.»

« Distincte » ne veut pas dire ici, croyons-nous, qu'il existe une personne morale en dehors des associés mais que, pris dans leur ensemble, les associés se comportent suivant des règles particulières inapplicables à chacun d'eux pris individuellement. « Le sujet de droit » que nous avons envisagé possède une vie propre : ainsi il peut faire du commerce, sans que pour cela, chacun des associés soit considéré comme commerçant. Tel le titulaire d'une action nominative dans une société commerciale par action ; tel le sociétaire membre d'une coopérative de consommation.

Comme on ne saurait nier la puissance des mots, et que l'emploi du terme « personne » morale évoque tout un cortège d'idées que nous sommes habitués à appliquer aux individus, il serait peut-être plus sage, pour exprimer toutes les idées que nous venons d'émettre de parler de « collectivités » mot qui désignerait assez clairement un état de fait et de droit bien nettement caractérisé.

En établissant que les sociétés coopératives sont de véritables sociétés, nous avons indiqué par là-même, d'une manière générale quel est leur régime légal.

Or, notre législation sur les sociétés est d'une complexité regrettable. Le Code civil, le Code de Commerce, les lois de 1867 et de 1893, pour ne citer que les textes généraux nous offrent des dispositions multiples.

Comment les sociétés coopératives se sont-elles pliées aux dispositions légales avant la loi de 1867 ? Comment se sont-elles adaptées à la législation actuelle? Doit-on modifier à leur avantage cette législation ?

Telles sont les questions que nous devons aborder maintenant.

CHAPITRE III

Les Sociétés coopératives sous la législation antérieure à la loi du 24 Juillet 1867.

La révolution de 1830 fut suivie de trois faits qui eurent sur l'histoire législative des sociétés coopératives une influence décisive.

Le premier de ces faits est le développement considérable des Associations secrètes. La Charbonnerie, organisée vers 1821 par Basard et Buchez, servit d'exemple et de modèle à tous les adversaires républicains du régime orléaniste. Sous l'impulsion de chefs comme Jaubert et Godefroy Cavaignac, qui, à la tête d'une fraction de la bourgeoisie libérale ne craignaient pas de se mêler aux ouvriers et de payer de leurs personnes, on vit se créer, surtout à Paris, une foule de sociétés puissantes comme celles des Amis du Peuple, des Droits de l'homme, des Saisons et à Lyon, la célèbre Association des Mutuellistes.

Sous l'impulsion de ces sociétés des mouvements populaires exceptionnellement nombreux se produisirent dans toute la France, et provoquèrent le vote de la loi de février 1834 et des lois de septembre 1835, qui, pour un temps, réussirent à enrayer le mouvement et à détourner de l'action les agitateurs.

Vers le même temps, la fièvre d'association qui s'était emparée du monde ouvrier se manifesta sous une autre forme dans le monde capitaliste, par ce qu'on a appelé la Fièvre des Commandites.

L'affranchissement du travail, l'invention des machines, la paix, qui succédant aux guerres incessantes du premier empire, permit à la France de se ressaisir, un gouvernement qui inspirait toute confiance à la bourgeoisie libérale et riche ; tout cela avait créé un milieu très favorable à la création des sociétés commerciales. Un arrêt de la Cour de Paris du 7 février 1832 (1), qui déclarait licite la création d'actions au porteur dans les sociétés en commandite, vint donner en quelque sorte une impulsion décisive au mouvement qui fit monter rapidement le nombre des sociétés commerciales formées chaque année à Paris, d'une moyenne de 320 en 1830-1833, à un chiffre de 1026 en 1838.

Ce développement inusité provoqua tant d'abus et de scandales, que le gouvernement prépara en 1838 un projet de loi sur les sociétés, dans le but de resteindre les facilités accordées à la création d'actions au porteur. Ce projet n'aboutit pas, mais la défiance avait pénétré dans l'opinion publique : la fièvre des com-

1. S, 1832, 2.258.

mandites tomba. En 1839 le nombre des sociétés créées à Paris, descendit au chiffre de 860.

Cependant le mouvement qui poussait la spéculation vers les sociétés de commerce et les ouvriers vers les Associations secrètes, ne fit que se ralentir. Il devait reprendre avec une nouvelle force quelques années plus tard. Il avait éveillé beaucoup d'idées : en mettant en présence, ces deux forces, d'aspirations si différentes, il avait révélé une nouvelle forme de l'éternel antagonisme entre les classes pauvres et les classes riches.

Dans le repos forcé que lui imposaient les lois de septembre, le parti populaire se faisait une doctrine. Il exhumait de la poussière des bibliothèques de vieux livres comme ceux de Buonarotti, l'historien de la conspiration de Babœuf. Les journaux secrets du parti, tels que *l'Homme libre*, prêchaient la réforme sociale et dénonçaient l'exploitation de l'homme par l'homme.

Dès 1832 Godefroy Cavaignac, déclarait que son parti visait « à la *répartition égale des charges et des bénéfices* de la société, à l'établissement complet du règne de l'égalité », on voudra bien retenir cette formule.

En 1839 une fraction du parti se donna le nom de Communiste, et, la même année Louis Blanc, en devenait le théoricien en publiant son livre célèbre sur « *l'Organisation du travail.* ».

En 1840, un programme révolutionnaire saisi par le

gouvernement, disait : « Voici nos principes. Nous vou-
« lons la communauté des travailleurs, c'est-à-dire « l'abolition de l'exploitation de l'homme par l'homme, « établir des ateliers nationaux *où le prix du travail* « *soit réparti entre les travailleurs, et où il n'y ait* « *plus ni de maîtres ni de valets* ».

Ces idées nouvelles, reçurent en 1834 une application pratique, par les soins de Buchez et du bijoutier Leroux. Affilié très jeune à la Charbonnerie qu'il contribua à propager en France, Buchez fut condamné à mort et ne dut qu'à sa jeunesse de ne pas être exécuté. Cette aventure lui suggéra des réflexions dont se dégagea un amour mystique de l'humanité et une ardente foi chrétienne En 1831, il fait un plan d'association pour les ouvriers travaillant seuls avec peu d'outillage : « Il préconise le travail en com-
« mun avec un chef qui représente l'association : « des salaires sont versés comme d'ordinaire, et les « bénéfices constituent le capital social, qui, appartenant à l'association est *inaliénable et indissoluble* « comme entité. C'est un véritable bien de main-
« morte (1) ».

Pour tenter un essai de l'association qu'il préconise, Buchez, s'adresse à l'Etat, aux philantropes ; il fait de la propagande par les journaux qu'il envoie à domicile. Un numéro de ces journaux tombe entre les mains du bijoutier Leroux qui adopte les idées de Buchez et

1. M. Cheysson à son cours à l'Ecole des Mines 1900-1901.

fonde avec son concours, en 1834, la première « As« sociation ouvrière pour les bijoux faux en doré », avec quatre associés et deux cent francs de capital. D'après les statuts, cette forme d'association est *le véritable moyen de guérir les salariés par la suppression des patrons.* Par son journal « *l'Atelier* » cette société devint un centre de propagande. Elle resta seule de sa sorte pendant quatorze ans, mais elle demeura comme un exemple, et cet exemple porta des fruits.

A la veille de 1848 le mot d'Association était sur toutes les lèvres. « L'Association devait jouer le rôle « d'une panacée universelle et devenir l'instrument de « la rénovation sociale... » Dans l'Etat idéal rêvé par le parti populaire, « le travail n'aurait eu rien que « d'attrayant : les machines prodigieusement multipliées « auraient dispensé l'homme de tout effort pénible... « Un ordre admirable aurait régné dans les ateliers « dirigés d'après des règlements fixés par des chefs « élus. Ceux-ci d'ailleurs, ne devaient pas recevoir une « rétribution matérielle supérieure à celle de leurs « co-associés : c'eut été contraire au principe d'éga« lité.... » (1).

L'exemple donné par Buchez et Leroux, leur propagande, ces rêves d'égalité dans le travail et dans la répartition de ses produits, l'idée d'association universellement répandu, l'exemple des sociétés commer-

1. Lescœur p. 64.

ciales, amenèrent dès le lendemain de la Révolution de 1848, œuvre des classes populaires, la création de très nombreuses associations ouvrières.

De février 1848 à décembre 1849, il s'en forma près de cinq cent cinquante. (1)

Un certain nombre d'auteurs considèrent ce développement comme tout-à-fait spontané et, en termes lyriques, montrent le progrès social se révélant avec la liberté naissante.

Quand on remonte aux documents du temps, ce lyrisme paraît bien vite hors de propos.

Le développement des associations ouvrières, c'est ainsi qu'on appelait alors les sociétés coopératives de production, est dû uniquement aux encouragements que leur prodigua le gouvernement républicain.

L'Assemblée constituante avait déjà pris en considération une motion du citoyen Alcan, tendant à encourager les associations entre ouvriers ou entre patrons et ouvriers, lorsque le lundi 3 juillet 1848, Cavaignac soumit un projet de décret au vote de l'Assemblée Il avait reçu d'une société ouvrière appelée « *Société du bâtiment* » une demande de crédit. Cavaignac avait fait de cette demande particulière une question d'ordre général ; il exposait à l'assemblée que la République avait « un intérêt égal à rassurer ceux qui possèdent...
« et ceux qui ne possédant pas, demandent qu'on leur
« ouvre les sources de la production. » Il ajoutait :

1. Voir *Monit. Univ.* 4 décembre 1849, p. 3.937.

« Je demande la permission de faire remarquer à l'as-
« semblée qu'en ce qui concerne au moins le projet « relatif au prêt à faire et la garantie à donner aux « entrepreneurs du bâtiment, il y a une urgence véri- « table et voici pourquoi ; si l'assemblée comme nous « avons la ferme confiance, adoptait immédiatement, « j'entends par là dans les limites de la discussion né- « cessaire, le projet relatif au prêt à faire aux entre- « preneurs, *les autres industries ne manqueraient pas, « tout en faisant des démarches pour obtenir de pa- « reils secours, de faire des démarches pour entrer « dans cette voie.* »

Le projet de décret ne put être discuté que le lendemain 4 juillet. Il ne réunit que des approbations. Le représentant Corbon avait montré la véritable portée du décret : « Pourquoi, disait-il, les simples travailleurs « ne tenteraient-ils pas, eux aussi, de jouir des béné- « fices de l'association ?... Pour notre part nous avons « l'intime conviction qu'un jour viendra où la plupart « des travailleurs auront passé de l'état de salariés à « celui d'associés volontaires... »

Le jour suivant, 5 juillet était promulgué le décret bien connu, qui mettait à la disposition du gouvernement un crédit de trois millions à répartir entre les associations d'ouvriers et les associations d'ouvriers et de patrons (1) (art. 1er).

1. La loi du 15 nov. 1848 fixa le taux de l'intérêt auxquels ces prêts devaient être faits.

Cette disposition a fait oublier celle de l'art. 4, aux termes duquel « les contestations entre les membres « de ces associations qui profiteront du crédit seront « portées devant les conseils des prud'hommes ».

Cet article constitue la première disposition juridique spéciale aux associations de production.

Le 15 novembre 1848, le citoyen Tourret, ministre du commerce, rendait compte à l'Assemblée, de la façon dont les prêts avaient été effectués, et il indiquait qu'en moins de quatre mois et demi, le gouvernement avait reçu des demandes de la part de quatre cent quarante sociétés ! (1).

On voit que l'invitation de Cavaignac avait été bien entendue et bien comprise.

Au cours de cette séance le gouvernement proposait à l'assemblée le vote d'un projet qui, adopté le jour même devint la loi du 15 novembre 1848 et fut promulguée le samedi 18 novembre suivant (2).

Nulle part nous n'avons trouvé mentionnée cette loi. Elle offre pourtant de l'intérêt pour l'histoire législative des sociétés coopératives. Aux termes de son art. 1.. « Les actes à passer pour la constitution des as- « sociations ouvrières encouragées en exécution du « décret du 5 juillet 1848, ainsi que ceux constatant « les prêts faits par l'Etat à ces associations, seront « enregistrés gratis.

1. *Mon. univ.* n. du 16 nov. 1848.
2. Voir le *Mon. univ.* de ce jour.

« En cas de constitution d'hypothèque, il ne sera « payé d'autres frais d'inscription que le salaire reve- « nant au conservateur ».

Ces dispositions étaient infiniment plus avantageuses aux associations ouvrières, que celles de l'art. 1 du décret du 5 juillet, et elles leur auraient rendu des services bien plus efficaces si leur sort n'avait pas été lié à celui de ce décret.

Déjà le 15 novembre 1848, quelques représentants du peuple, tels que les citoyens Besnard, Desjobert, Waldeck-Rousseau, tout en approuvant l'expérience qu'on accomplissait, avaient montré les inconvénients très graves, que pouvait entraîner un régime de faveur pour les associations ouvrières.

Un an plus tard, le 3 décembre 1839, M. Dumas, ministre du commerce, rendait compte à l'Assemblée législative de la façon dont on avait utilisé le reliquat du crédit voté en 1848.

Du 15 novembre 1848 au 3 décembre 1849, le gouvernement n'avait reçu que quatre-vingt-huit demandes, c'est-à-dire cinq fois moins en un an que pendant les quatre mois qui avaient suivi le premier décret. Depuis ce dernier on avait accueilli au total soixante demandes, et réparti 2.777.457 francs. Certaines associations avaient reçu jusqu'à 250.000 francs. Le gouvernement demandait à être autorisé à employer le reliquat, conformément au décret du 5 juillet.

Mais l'Assemblée législative n'était plus composée

comme l'Assemblée Constituante. Tandis que la première était en grande majorité républicaine, la seconde, sur 750 membres, comptait 500 monarchistes. Elle montra moins de facilité à l'égard des Sociétés ouvrières. Le rapporteur, M. Amable Dubois, fit ressortir les difficultés de fait qu'éprouvaient à se former et à vivre les associations ouvrières. Ils montraient qu'elles étaient impossibles entre *ouvriers* agricoles, et au moins très difficiles pour les ouvriers de l'industrie. Il avait le tort de méconnaître leur utilité. Mais on ne sait trop s'il faut le blâmer quand il disait après avoir protesté de son dévouement très vif à la cause des ouvriers : « Ce que nous voulons c'est que l'Etat « ne soit pas appelé à venir donner de l'argent à « toutes les associations. Si vous posez en principe que « que toute association sera apte à recevoir les fonds « de l'Etat, même avec des conditions assez difficiles, « ce ne sera pas trente millions qu'on viendra deman- « der, mais ce sera des centaines de millions dans « quelques années d'ici ».

La proposition du ministre fut rejetée par 399 voix contre 188. Ce vote rendait sans objet les dispositions légales de faveur que nous avons précédemment indiquées, les Associations ouvrières retombaient entièrement sous le régime du droit commun.

En fait, l'Etat ne put jamais recouvrer une part quelconque des sommes avancées par lui aux sociétés ouvrières, à titre de prêt. Ces avances ne permirent pas aux sociétés qui les avaient reçues de se maintenir plus de deux ou trois ans. Presque toutes celles qu'avait fait surgir la révolution de février avaient disparu à peine créées. On estime que, dès l'année 1851 le nombre des associations ouvrières était tombé au-dessous de quinze.

Comment ces sociétés avaient-elles pu s'accommoder de la législation alors en vigueur ? Pour plus de simplicité nous n'envisagerons que la législation postérieure au 23 juillet 1856 et même au 23 mai 1863.

Elles avaient dû choisir, quand elles avaient eu le souci de se constituer légalement, (et, si l'on en juge par les procédés actuels, il n'est nullement certain que ce souci ait été bien fréquent), entre les formes légales qui existaient alors. Mais chacune de ces formes présentait des inconvénients.

La société anonyme était à peu près impraticable. Soumise, pour se constituer, à l'approbation du Conseil d'Etat, elle plaçait ceux qui désiraient l'adopter dans une situation singulière : d'un côté, pour obtenir l'autorisation du Conseil d'Etat, il fallait être assuré du capital social ; d'autre part, pour inspirer confiance aux capitalistes et les décider à souscrire à ce même capital, il fallait être assuré d'obtenir cette autorisation.

Si l'on échappait à ce dilemne, on avait l'ennui de voir le Conseil d'Etat faire en quelque sorte payer son autorisation par les modifications qu'il lui plaisait d'apporter aux statuts. Enfin les associations ouvrières qui s'étaient formées dans les milieux ouvriers et socialistes, ne pouvaient avoir beaucoup d'inclination pour le contrôle du pouvoir.

La Société à responsabilité limitée n'était guère à la portée des ouvriers. Elle ne pouvait se fonder qu'avec des actions de 100 francs au minimum. Les frais de constitution en étaient onéreux, les conditions de publicité compliquées et coûteuses, et l'administration difficile : c'est ainsi que les administrateurs devaient être propriétaires du vingtième du capital social.

La Société en commandite par actions offrait les mêmes inconvénients. En outre elle nécessitait la présence d'un gérant ou commandité. Or, il s'était produit, vers 1856, une nouvelle fièvre des commandites et l'on se défiait à juste titre de ce personnage qui, surtout en présence d'associés ouvriers, aurait pu avoir beau jeu pour les duper et tirer parti de leur inexpérience. La pratique avait du reste montré qu'il n'est rien de plus rare qu'un bon gérant.

En outre du désavantage qui résultait de la présence d'un gérant, la commandite simple partageait avec la société en nom collectif le grand inconvénient d'avoir son existence liée à la présence de chacun des associés. Aucun de ceux-ci ne pouvait se retirer de la société, ni transmettre sa part sociale, par acte entre vifs ou par décès, sans provoquer la dissolution de la société.

Enfin la société en nom collectif, comme la société

civile, entraînaient la responsabilité, solidaire pour la première et illimitée pour toutes les deux, des associés. Cette responsabilité très étendue pouvait effrayer les ouvriers, et elle était souvent inutile.

Il faut ajouter que, d'après les idées alors admises et la jurisprudence en vigueur, les sociétés civiles n'étaient pas des personnes morales.

Pour éviter aux associations ouvrières ces inconvénients, diverses combinaisons avaient été proposées (1). L'une d'entre elles était ingénieuse :

« Une société en voie de formation, écrit M. Lau-
« rent, a ainsi tourné la difficulté légale ; les sociétai-
« res sont divisés en deux catégories : les associés
« proprement dits et les clients participants. Les asso-
« ciés constituent seuls la société et sont seuls res-
« ponsables. Les clients participants font un verse-
« ment égal à celui des associés, et ont dans la répar-
« tition des bénéfices une part égale : mais ils ne par-
« ticipent en rien à l'administration, et ils sont affran-
« chis de toute responsabilité ; leur versement sera
« surtout affecté, comme le serait celui des commandi-
« taires, à garantir, vis-à-vis des tiers l'exécution des
« engagements de la Société ».

En fait, la forme de Société en nom collectif avait été le plus souvent employée jusqu'en 1852. Depuis cette

1. Consulter sur ce point Emile Laurent. *Le paupérisme et les Associations de prévoyance*, 2e édit., 1865. T. II, p. 495. s.

date, les préférences semblaient aller vers la commandite (1).

C'est en 1863, que se place, d'après nos recherches, le premier projet de réforme en faveur des sociétés coopératives. Il est exposé dans une brochure où l'on signalait en même temps les entraves opposées par nos lois au développement de ces sociétés (2).

A cette époque, le mot de *coopération* venait d'être lancé dans le monde par Richard Owen. L'exposition de Londres avait attiré l'attention sur les sociétés coopératives anglaises.

D'autre part, les publicistes signalaient le succès et la diffusion en Allemagne des sociétés de crédit, organisées par Schultze-Delitsch.

Ces types nouveaux de coopération tentaient de s'acclimater en France. La notion de la coopération s'élargissait. On comparait entre elles ces diverses formes de sociétés coopératives. Les associations coopératives de production cessaient d'apparaître comme des rêves d'utopistes ou des tentatives révolutionnaires. Envisagées sous leur véritable jour, elles prenaient avec les sociétés de crédit et de consommation, leur place dans le domaine du droit et de la science. Le rôle des précurseurs socialistes était terminé.

Aussi est-ce à un point de vue presque exclusive-

1. M. Hubert-Valleroux. *Les Associations ouvrières et les associations patronales* p. 25.

2. *Des Sociétés de coopération et de leur constitution légale.*

ment juridique, que se sont placés les auteurs de la brochure paru en 1863. Ces auteurs figuraient parmi les personnages les plus considérables du second empire, et il est permis de croire que l'influence exercée par leur brochure, fut en rapport avec leur haute situation (1).

Ces auteurs attestaient d'abord qu'il avaient pour but d'aider et d'encourager les ouvriers « qui s'unissent « pour diminuer leur faiblesse, comme d'autres pour « augmenter leur force... On juge encore, disaient-ils, « les associations ouvrières par le souvenir qu'ont « laissé les tentatives prématurées de février. Il y aurait « plus de justice à les apprécier d'après les faits qui « se sont passés dans les douze dernières années en « Angleterre, en Allemagne, en France.

Passant ces faits en revue, ils classaient les Sociétés coopératives en Sociétés de consommation, de crédit mutuel et de production. Puis, après en avoir exposé la genèse et le fonctionnement, ils écrivaient : « Notre

1. C'étaient MM. Andral avocat à la Cour impériale, duc d'Andiffret-Pasquier. Odilon-Barrot ancien président du conseil des ministres. A. Batbie, professeur à la faculté de droit. Prince Albert de Broglie. Auguste Cochin, administrateur de la Compagnie d'Orléans. Comte Napoléon Daru ancien député, membre de l'Institut. Comte d'Haussouville, ancien député. J.-E. Horn, publiciste. Lanjuinais ancien ministre, député, Vicomte de Melun ancien député. Henry Moreau. Casimir Périer, ancien député. Léon Say administrateur de la Compagnie du chemin de fer du Nord. Jules Simon, député, membre de l'Institut.

« législation sur les Sociétés et Associations, est assu« rément une des causes qui ont le plus contribué à « retarder le développement de ces institutions. Nos « Codes n'ont pas pu prévoir ces combinaisons récem« ment inventées ; aussi plusieurs dispositions impéra« tives de nos lois sont-elles un obstacle insurmontable « à la constitution régulière de ces sociétés ».

La plus gênante de ces dispositions, résultait, à leurs yeux de l'art. 43, C. Com. applicable, d'après eux, aux Sociétés en nom collectif et en commandite, d'après lequel devait être publié dans les journaux, et affiché un extrait de l'acte de Société, énonçant les noms, des associés en nom, et le capital demandé aux commanditaires. « Or, disaient-ils, dans les associations de coo« pération, il faut que le nombre des associés puisse « s'augmenter et diminuer ». Comment faire accorder cette nécessité avec les prescriptions de l'art. 43? Fallait-il considérer que chaque retraite ou chaque adhésion nouvelle entraînerait la formation d'une société nouvelle? mais alors naîtraient « des complications sans fin ».

Ils voyaient un second obstacle, dans ce fait que, d'après le même article, le capital devait être déterminé au moment de la constitution de la Société, et son chiffre énoncé dans l'acte : or, dans les sociétés coopératives, ils avaient vu ce capital se former peu à peu, par des cotisations successives. Comment allier la loi et la pratique?

Enfin, le caractère juridique des associations de

coopération était encore mal défini. Allait-on pratiquer vis-à-vis d'elles, comme à l'égard des sociétés mutuelles d'assurances, et décider, conformément à la jurisprudence relative à ces dernières sociétés que l'autorisation par décret en conseil d'Etat leur était indispensables pour se fonder?

Les auteurs de notre brochure ne se bornaient pas à signaler les entraves légales qui s'opposaient au développement des sociétés coopératives. Ils avaient élaboré un projet de loi et voici comment ils en exposaient eux-mêmes l'économie. On nous pardonnera cette nouvelle et longue citation: elle a sa place dans l'histoire de la coopération. « Le moment nous paraît venu de donner « une existence légale à une institution que ses ser- « vices et ses succès ont consacrée. Quant à la société « dont nous proposons de reconnaître le type, voici « comment elle se distingue des espèces déjà admises. « Elle diffère de toutes en ce que le nombre des asso- « ciés et la quantité du capital, qui doivent être détermi- « nés d'après le droit commun, sont mobiles dans les « sociétés de coopération. Il en résulte que les chan- « gements survenus par suite de l'adjonction de mem- « bres nouveaux ou de l'accroissement successif du « capital ne sont pas nécessairement portés à la con- « naissance du public. Les sociétés de coopération dif- « fèrent spécialement de la société en nom collectif, « en ce que les associés de coopération ne sont pas « tenus des engagements sociaux, indéfiniment sur

« tous leurs biens comme le sont les associés en nom.

« Leur obligation est cependant plus étendue que « celle des commanditaires et des associés anonymes. « En effet, d'une part, indépendamment de leur verse- « ment qu'ils peuvent perdre, les associés de coopé- « ration sont tenus sur tout leur avoir pour leur part « contributive, dans les pertes de la société. D'un autre « côté cependant, d'après le système que nous proposons « de consacrer, les sociétaires ne sont point solidaires « de leurs co-associés et ne payent pas la part contri- « butive de ceux qui ne pourraient pas s'acquitter. Les « tiers qui contracteront avec les représentants de la « Société auront donc pour gage : 1° l'actif social ; « 2° l'obligation de chaque associé pour sa part con- « tributive, si l'actif social était insuffisant ».

C'était bien là un type nouveau de Société qui aurait pris place à côté des formes anciennes.

La brochure se terminait par un pressant appel au gouvernement qui, en comblant une lacune dans notre législation, accomplirait envers les ouvriers « un acte de pure justice ».

Cet appel, cette brochure, eurent certainement une influence sur la détermination prise par le gouvernement de présenter au parlement un projet de loi sur les Sociétés.

On représente parfois le Titre III de la loi du 24 juillet 1867 comme un accident de rédaction de cette loi, ou, tout au moins comme un de ses accessoires insignifiants. Rien n'est moins exact. Le projet de loi traitait en même temps, des Sociétés en commandite par actions, des Sociétés anonymes et des Sociétés de coopération.

Or, les sociétés en commandite avaient déjà reçu en 1856 la loi qu'elles attendaient depuis 1838. Cette loi avait été nécessitée par un mouvement semblable à celui qui porta le public vers cette forme de société entre 1833 et 1838. On sait, comment après la secousse de 1848, le calme renaissant et l'absolutisme du pouvoir, firent que toute la vie publique se concentra dans les affaires. Ce fut l'âge des grands travaux d'intérêt public, de la création des chemins de fer, de la fondation de puissants établissements comme le Crédit foncier, des grandes sociétés par actions. Comme au lendemain de la révolution de juillet, les sociétés commerciales eurent une vogue extraordinaire. En 1852 il s en était formé à Paris 480; il s'en forma 1406 en 1856. Comme en 1838, le progrès avait engendré l'abus, et la loi du 23 juillet 1856 vint heureusement soumettre les sociétés en commandite par actions à des restrictions nécessaires. Le projet du gouvernement ne fit qu'y apporter des améliorations.

Les sociétés anonymes avaient été par la loi de 1863 rendues presque libres : on n'exigeait plus l'autorisation que pour celles dont le capital excédait vingt millions. On ne faisait qu'apporter aussi des améliorations à cette loi, comme à la précédente, et mettre pour ainsi dire, à l'unisson, la législation des deux types de sociétés par actions.

Au contraire, les sociétés coopératives n'avaient point de législation, et l'on attribuait leurs échecs aux entraves qu'elles rencontraient dans nos lois.

Il ne faut pas oublier que ces sociétés se présentaient aux esprits, surtout sous la forme de sociétés ouvrières. C'étaient donc les classes ouvrières qui subissaient le plus, les ennuis résultant de notre législation. C'était à elles que des améliorations profiteraient surtout. On sait qu'à cette époque le gouvernement impérial qui avait toujours manifesté des tendances démocratiques, voyait le clergé se détacher de lui à la suite des guerres d'Italie, et cherchait à s'appuyer sur la partie libérale de la nation. En 1862, il envoyait à Londres une délégation d'ouvriers pour visiter l'exposition, et étudier la législation ouvrière anglaise : Cette délégation en revint, frappée du succès et du développement des coopératives anglaises. En 1864, la loi du 25 mai créait la liberté des coalitions. On peut croire que la loi sur les sociétés et surtout sur le titre relatif aux coopératives, fut envisagée comme un excellent moyen d'attirer à l'empereur la faveur populaire, et d'attester clairement « la profonde et constante sollicitude dont il « était animé pour les classes ouvrières (1) ».

Il est donc bien inexact de dire : « qu'en 1867 on a

1. Premier exposé des motifs du projet de loi de 1865 Rivière, p. 471.

« peut-être moins cherché à faire une loi sur les sociétés ouvrières qu'à entraver la marche des sociétés « ouvrières puissantes » et que « ce n'est pas sans un « grand esprit de défiance qu'on a abordé les dispositions relatives à ces associations (1) ».

Le projet du gouvernement adoptait, avec certaines modifications le système préconisé par les auteurs de 1863. On a vu dans quel esprit, ceux-ci avaient élaboré leur projet : ils demandaient pour les ouvriers « la « part de justice qui est due à tout membre de la so- « ciété. » De son côté l'Empereur, dans le discours qui ouvrit la session de 1865 prononça les paroles suivantes : « Je m'efforce de diminuer les entraves qui s'op- « posent depuis si longtemps en France, à la libre ex- « pansion de l'initiative individuelle... Aujourd'hui... « j'ai tenu à détruire tous les obstacles qui s'opposent « à la création des Soeiété destinées à améliorer la con- « dition des classes ouvrières ».

Deux méthodes s'offraient au choix du gouvernement. Il pouvait créer pour les sociétés coopératives un cadre nouveau et spécial, déterminer à l'avance toutes leurs conditions d'existence, les formalités de leur constitution et de leur administration, organiser en un mot une forme nouvelle de société, qui aurait pris place à côté des formes anciennes, et que les sociétés coopé-

1. Discours prononcé par M. Waldeck-Rousseau ministre de l'intérieur, en 1883, à la première réunion de la Commission extraparlementaire des Associations ouvrières.

ratives auraient été tenues de revêtir pour se constituer légalement. Ainsi avaient procédé les auteurs de 1863.

C'était une méthode restrictive.

Il pouvait, dans une autre méthode, se borner à supprimer toutes les entraves légales que pouvaient rencontrer les sociétés de coopérations, les « *laissant li-* « *bres de choisir selon leur objet ou leur goût la* « *forme qui leur conviendrait le mieux* (1).

Ce fut cette méthode libérale et large qui l'emporta. Elle parut « réunir au mérite de la simplicité, de la « clarté, l'immense avantage de placer les nouvelles « sociétés *sous l'empire du droit commun* en leur don- « nant cependant une liberté plus étendue qu'aux au- « tres lorsque cette extension leur est nécessaire et « peut être accordée sans inconvénient ».

L'adoption de cette méthode entraînait une conséquence nécessaire. Dès l'instant qu'on se bornait à accorder des libertés plus étendues à certaines sociétés, il fallait en prévenir l'abus, et déterminer limitativement les sociétés qui étaient appelées à en profiter.

En bonne logique il aurait donc fallu définir les sociétés qu'on avait en vue. Au lieu d'une définition, on se borna à une énumération, et comme une énumération, n'est jamais aussi générale qu'une définition, on se heurta dès le début à des difficultés d'application

1. Premier exposé des motifs. Riv. p. 471.

qui entraînèrent des changements dans le plan définitivement suivi par les auteurs du projet.

Ce projet, présenté au corps législatif le 28 mars 1865, avait adopté la mobilité du capital et du personnel, dont on avait suggéré l'emploi en 1863, (a. 52), avec dispense de publier les modifications résultant de ces variations (a. 58). Les actions et coupons d'actions pouvaient être inférieurs à cent francs, et on laissait aux statuts le soin de fixer leur minimum (a. 53). La souscription du capital et le versement du quart pouvaient être constatés par une déclaration sous seing privé du gérant ou des fondateurs.

Ces dispositions constituaient de très grands avantages pour les sociétés de coopération, mais offraient aussi quelque danger pour les tiers, dont les garanties se trouvaient réduites, et par la modicité possible du capital initial, et par la faculté de diminuer encore ce capital, au cours de l'existence de la société.

On avait cherché à assurer aux tiers ainsi menacés un minimum de garanties en obligeant les statuts à fixer un chiffre au-dessous duquel le capital ne pourrait descendre (a. 52), et en décidant que les associés sortis de la société resteraient responsables, mais seulement dans les termes des statuts, des engagements contractés pendant qu'ils faisaient partie de la société (a. 54). On fixait en outre certaines mesures de publicité dont on prescrivait l'exécution à peine de nullité (a. 57-60).

Il est permis de dire que les libertés accordées étaient plus grandes que les entraves imposées : on aurait même pu craindre, à la faveur de ce régime, de voir renaître les duperies de 1838 et de 1856, si l'a. 51 n'avait apporté à l'application de la loi une limitation salutaire, en déterminant par leurs objets, les sociétés qui pourraient en profiter.

C'était les Sociétés de consommation, de crédit, et celles qui avaient pour objet « d'établir pour les asso- « ciés des ateliers de travail en commun et d'en ven- « dre les produits, soit collectivement, soit individuel- « lement ».

Cette énumération souleva des protestations nombreuses : on prétendait que la sphère d'application de la loi devenait ainsi beaucoup trop étroite, et que celle-ci ne remplirait pas son but.

On adressait au projet bien d'autres critiques. Des brochures nombreuses furent publiées, et envoyées à la commission parlementaire nommée pour l'examiner.

L'une d'entre ces brochures, signée de MM. Vavasseur et Jay, mérite d'être citée. Elle signalait les inconvénients d'une trop complète réglementation, puis, comparant l'action au porteur à la monnaie, constatant qu'avec un endos en blanc, l'action nominative circulait avec une égale facilité, elle reconnaissait au législateur le droit de fixer, comme pour la monnaie, les conditions dans lesquelles les actions pouvaient être émises et négociées. A cela devait se borner son intervention. Pour tout le reste une liberté absolue devait être laissée aux contractants. Ceux-ci devenaient leur propre législateur, et leur liberté n'avait d'autre « limite que celles dérivant des principes généraux « fondés sur le droit naturel et qui sont la première « loi dans toute législation civilisée ».

En présence de ce mouvement de l'opinion, le gouvernement jugea bon de procéder à une enquête sur les sociétés de coopération. Dans cette enquête, longue et diffuse, furent agitées bien des questions qui se discutent encore aujourd'hui : on traita de l'emploi des auxiliaires pour l'exécution des travaux des sociétés ; de la forme et du mode de transmission des actions : de la participation aux bénéfices des sociétés de consommation des acheteurs étrangers à la société. Sur ces diverses questions le gouvernement estima qu'il valait mieux garder le silence et laisser à la volonté des parties « tout ce qui peut lui être abandonné ». Il ne tint compte de l'enquête que pour augmenter le nombre des facilités accordées aux Sociétés de coopération,

Une nouvelle rédaction du titre relatif à ces sociétés fut soumis au Corps législatif le 18 avril 1866.

On réduisait au dixième, au lieu du quart, le versement à effectuer sur chaque action, on donnait aux assemblées générales le droit d'exclure un associé de la Société « mesure très utile pour le maintien de l'ordre dans les sociétés de coopération » et au lieu d'astreindre les administrateurs à posséder le vingtième du capital social comme dans les sociétés anonymes ordinaires, on laissait aux statuts le soin de déterminer le nombre d'actions dont chaque administrateur devait être propriétaire.

La nouvelle rédaction avait tenu compte d'une critique adressée au précédent projet : on avait élargi la sphère d'application de la loi, et fait figurer à côté des trois types de Société primitivement envisagés, tous ceux dont l'enquête avait révélé l'existence : sociétés de consommation vendant à leurs membres et aux tiers ; sociétés de construction de maisons pour les associés ; sociétés ayant pour but de faire en commun des travaux en exécution de marchés.

Là s'arrêtaient les modifications et les concessions du gouvernement. Il n'avait pas voulu tenir compte de la théorie de la société libre : « que les rapports entre « les associés, disait l'exposé des motifs, soient laissés « à la libre appréciation des parties... cela se conçoit. « Mais, lorsqu'il s'agit des stipulations dont les effets « s'étendent jusqu'aux tiers, les choses changent d'as- « pect, et il y a des précautions à prendre (1)... On ne « saurait laisser le champ libre à la fraude ».

Le gouvernement n'avait pas davantage tenu compte d'une critique bien différente : pourquoi disait-on désigner les sociétés de coopératives par leur objet ? il

1. Riv. p. 499.

eût été mieux de les caractériser par cette circonstance qu'elles sont ou doivent être constituées avec un capital variable et un personnel mobile. Le commissaire du gouvernement réfutait cette objection, en rappelant l'origine de la loi : on avait constaté dans le régime légal auquel sont soumises les sociétés coopératives, des obstacles difficiles à surmonter ; on a voulu les faire disparaître ; les modifications proposées, ont pour but d'aider une certaine catégorie de sociétés, il faut bien déterminer quelles sont ces sociétés.

Ce raisonnement était fort juste. Il ne parvint pourtant pas à convaincre, ni la commission parlementaire, ni la chambre, et, de cette différence de point de vue naquit une différence profonde de rédaction.

Le projet élaboré par la Commission supprimait l'énumération de l'article 51. « A supposer, dit le « rapporteur, que le projet du gouvernement énonçât « tous les objets auxquels, dans l'état actuel des faits « économiques, avaient tenté de s'appliquer les asso- « ciations ouvrières, qui pouvait affirmer qu'au lende- « main de la promulgation de la loi leur activité ne « serait pas attirée vers un autre but ? » Il fallait donc, dans l'intérêt même de ces associations ouvrières, et non par défiance pour elles, comme on l'a dit, éviter une énumération qui pouvait être incomplète, et par suite gênante. C'était par la variabilité du capital et du personnel qu'on distinguerait ces sociétés.

La conséquence de ce procédé, était que toutes les

sociétés pourraient profiter des dispositions nouvelles. Cette conséquence, admise par la Commission, était justifiée par la considération que voici : le projet du gouvernement étendait ses faveurs aux sociétés de consommation qui vendaient aux tiers. « Mais alors quelle « concurrence ces sociétés ne feraient-elles pas au « commerce ordinaire, à la vente au détail, et com- « ment, sans injustice et sans privilège, refuser les « facilités qu'on leur accorde à des sociétés crées uni- « quement pour acheter et revendre à des tiers (1) ».

On décida d'étendre les dispositions du titre III à toutes les sociétés qui voudraient en user, et l'on remplaça la rubrique de ce titre qui était : « dispositions particulières aux sociétés de coopération » par celle-ci « dispositions particulières aux sociétés à capital variable ».

Cette modification répondait aux désirs et aux vœux des coopérateurs, qui, lors de l'enquête, avaient protesté contre toute législation spéciale faite en leur faveur, et demandé l'application du droit commun.

En un certain sens, le projet de la commission était plus large et plus libéral que celui du gouvernement : il avait une sphère d'application illimitée en théorie, et semblait abaisser pour tout le monde certaines barrières légales.

En réalité, il fut beaucoup moins favorable pour les

1. Rapport de M. Mathieu. Riv. p. 604.

sociétés coopératives, et le principe sur lequel il reposait nécessita des modifications qui réduisirent dans de notables proportions les faveurs légales accordées par les précédents projets.

Du moment où la variabilité du capital devenait accessible à toutes les sociétés, les abus pouvaient devenir plus fréquents et plus faciles. Il fallut donc prendre des mesures préventives plus nombreuses et plus énergiques.

L'article 53 laissait aux statuts le soin de déterminer le chiffre des actions et coupons d'actions ; c'était ouvrir un champ libre aux agioteurs. N'allait-on pas voir des actions de un franc, sur lequel il suffirait de verser le dixième, soit dix centimes ! On l'avait déjà vu, en 1838, et la prudence était nécessaire : on décida que les actions ne pourraient être inférieures à 50 francs.

L'action au porteur, avait été dans les sociétés précédentes, la cause et le moyen de tant de spéculations éhontées : on rendit les actions nominatives.

C'est grâce à la faculté de transmettre les actions nominatives par un simple endos en blanc, qu'on avait pu spéculer sur elles ; leur transfert fut réglementé.

Dans les sociétés par actions ordinaires, dès que le capital s'abaissait au-dessous de 200.000 fr. on pouvait créer des actions de 100 francs. Pour faire cadrer les dispositions sur les sociétés à capital variable avec l'ensemble de la loi, et pour empêcher la spéculation de profiter de la variabilité du capital dans les trop grosses entreprises, ou limita à 200.000, le capital initial des sociétés à capital variable. Il est vrai qu'on leur accordait la facilité de l'augmenter chaque année de la même somme.

Toujours pour empêcher l'agiotage, on ne voulut pas laisser aux statuts le soin de fixer le minimum au-dessous duquel ne pourrait être réduit le capital, et on décida que ce minimum ne pourrait être inférieur à un dixième.

Enfin, dernière précaution, on maintint la nécessité de faire constater par un notaire la souscription intégrale du capital, et le versement du dixième.

En un mot, tandis que le gouvernement plaçait la garantie contre l'abus, dans la limitation des objets auxquels pouvait s'appliquer la forme nouvelle de société, on crut trouver cette garantie dans la multiplication des restrictions et dans une réglementation plus minutieuse : Comme l'agiotage ne s'était produit que dans les sociétés par actions, c'est à ces dernières que s'appliquèrent toutes les restrictions nouvelles.

Si l'on accordait aux sociétés autres que les sociétés de coopération, un certain de nombre de faveurs, il faut reconnaître qu'elles ne les sollicitaient pas et qu'elles n'en avaient pas grand besoin. Au contraire on n'accordait pas aux sociétés coopératives toutes les facilités qu'elles étaient en droit d'attendre, et que les projets du gouvernement leur donnaient dans une plus large mesure.

Le changement ne se serait probablement pas produit si, en donnant des sociétés coopératives, une définition d'ensemble, on avait enlevé à la commission son principal argument.

Notons aussi que si les sociétés coopératives arrivaient à obtenir moins de faveurs, elles devaient attribuer ce résultat à ce qu'elles prétendaient étendre aux tiers pour les sociétés de consommation, le cercle de leurs opérations. On verra comment, quarante ans plus tard, la même prétention, dont nous n'apprécions pas ici le mérite, a produit le même résultat.

Le projet de la Commission fut voté par la chambre et devint le titre III de la loi du 24 Juillet 1867. Les doctrines de liberté préconisées par MM. Vavasseur et Jay, avaient obtenu l'approbation de quarante-sept votants contre cent soixante et un.

D'après M. Lescœur (1), ce titre III n'aurait satisfait, ni le gouvernement, ni l'opposition. A l'appui de cette opinion, il cite un lambeau de phrase, pris dans le second exposé des motifs, c'est-à-dire écrit avant même que la dernière modification du projet fût élaborée, et l'opinion de M. E. Ollivier ; or, ce dernier fut au contraire un des auteurs du titre III, et, comme membre de la commission, il en soutint à plusieurs reprises l'économie, devant le Corps législatif.

La dernière rédaction du projet ne fut au contraire

1. *Op cit.* p. 259.

présentée au parlement, qu'après entente entre la commission et le gouvernement (1). Elle fut bien accueillie par les coopérateurs qui obtenaient ce qu'ils avaient demandé : une loi de droit commun.

Nous allons examiner si cet optimisme était bien fondé.

1. Rapport de M. Mathieu Rev. p. 605.

CHAPITRE IV

La législation actuelle.

Les auteurs de la loi de 1867 n'avaient pas eu la prétention de supprimer toutes les difficultés qui pouvaient faire obstacle au développement des sociétés coopératives.

Non seulement ils avaient pris soin, comme on l'a vu, de laisser aux statuts un très grand rôle, et de s'en rapporter le plus possible au droit commun, mais encore le second exposé des motifs, du 18 avril 1866, avait eu soin de dire : « Le projet n'a pas la préten« tion de contenir le dernier mot de la législation en « matière de sociétés coopératives ; il n'a que celle « de poser des bases que l'avenir rectifiera et com« plétera. Le temps marche et la législation avec « lui (1) ».

L'accord entre la commission et le gouvernement avait conduit « à reconnaître qu'il fallait écarter du « projet tout ce qui pouvait lui donner une apparence

1. Rivière, p. 503.

« d'exception et de privilège (1) ». Mais, moins encore que les précédents projets, le texte de la commission avait la prétention de tout prévoir et de tout régler.

Il n'est donc pas surprenant que quelques difficultés nouvelles se soient révélées depuis la loi de 1867, ou que le besoin de trancher des difficultés volontairement écartées à ce moment, se soit depuis lors fait sentir.

Mais ce qui peut surprendre, c'est que la loi faite en faveur des sociétés coopératives, est devenue pour elles une source de difficultés imprévues.

Ce sont ces dernières que nous examinerons tout d'abord, et cet examen nous permettra de pénétrer plus avant dans le mécanisme de la loi.

Certaines de ces difficultés se rapportent à la sphère d'application de la loi.

On a prétendu que le titre III était exclusivement réservé aux Sociétés de coopération. On sait déjà par l'exposé précédent combien cette opinion est peu fondée. Qu'il nous suffise de citer ici les paroles par lesquelles le rapporteur affirmait que la commission avait entendu « poser des règles générales, qui, n'excluant aucun des « objets possibles de l'activité civile, commerciale, in- « dustrielle, constitueront une *loi de droit commun*, « c'est-à-dire un instrument dont tous les citoyens « indistinctement pourront se servir ».

1. Premier rapport de M. Mathieu. Riv. p. 605.

Plus spécieuse est l'opinion d'après laquelle les prescriptions du titre « sont obligatoires pour les sociétés coopératives ».

M. Lescœur l'attribue au rapporteur dont nous venons de citer les paroles ; mais jamais M. Mathieu n'a émis pareille opinion. Toujours est-il que cette opinion s'était fait jour au lendemain de la promulgation de la loi, puisque déjà, en 1873, M. Lescœur, et d'autres avec lui, se donnaient la peine de la réfuter. Cette opinion s'est perpétuée et, actuellement, elle semble régner sans conteste, dans les sphères officielles et dans les milieux socialistes.

Dans l'enquête dirigée par la commission extraparlementaire des associations ouvrières, en 1883, le Secrétaire de la Commission, M. Barberet, chef de bureau au ministère de l'Intérieur, a affimé à maintes reprises aux coopérateurs surpris qu'une société de production qui n'avait pas adopté la forme de société à capital variable n'était pas « constituée sous la forme coopérative » (1).

Le conseil municipal de Paris, avait, pour se conformer aux dispositions testamentaires de Benjamin Rampal, nommé une commission chargée de distribuer aux associations ouvrières, les prêts auxquels ce philantrope affectait les revenus d'un legs de deux millions. L'un des premiers actes de cette commission fut de

1. Enquête, notamment T. I, p. 267. T. II, p. 414.

refuser un prêt à une association ouvrière fondée en 1848, sous le prétexte qu'elle était en nom collectif, et que, pour avoir le caractère de société coopérative, elle aurait dû se conformer aux dispositions du titre III de la loi de 1867.

Nous retrouverons cette erreur au Parlement quand nous examinerons un projet de loi déposé en 1888 et qui ne put aboutir.

En janvier 1900, une commission, chargée par le ministre du commerce d'étudier les difficultés relatives aux assurances contre les accidents du travail, identifiait les sociétés coopératives avec les sociétés à capital variable.

Au congrès international de la coopération socialiste, le citoyen Guillemin affirma, dans un rapport, qui est cependant très étudié, « que les sociétés coopératives « de consommation sont régies par la loi de juillet « 1867, modifiée par la loi d'août 1893... » (1). Cette affirmation ne souleva pas la moindre protestation.

Enfin, dans le « Manuel du coopérateur socialiste » sous la signature de M. Lauzel, on rencontre à la page 70 cette affirmation, que, « les sociétés coopératives, « *pour se constituer légalement* dans l'état actuel de « la législation française, doivent prendre la forme que « la loi appelle société anonyme à capital variable ».

Il faut remarquer toutefois que cette opinion n'a

1. Compte-rendu du Congrès. Bellais, édit., p. 71.

toujours été professée que par des personnes assez étrangères aux choses du droit. Elle est erronée. Du moment où le projet eut cessé d'avoir pour titre « Des sociétés de coopération » pour prendre celui de « Dispositions particulières aux sociétés à capital variable », il a cessé d'être spécial aux sociétés coopératives, et, par là même obligatoire pour elles, si toutefois il l'avait été. « Le titre III a bien été écrit pour elles, mais il « ne leur est pas imposé » (1).

Cette erreur s'est manifestée sous une forme plus juridique. On a reconnu que les Sociétés coopératives pourraient bien, quelle que soit leur forme, et comme avant la loi de 1867, stipuler dans leurs statuts la variabilité du capital et la mobilité du personnel : c'est une clause qui n'a rien de contraire à l'ordre public, et qui n'impose d'autre obligation que de publier chacune des modifications survenues. Mais on a soutenu, que pour profiter du régime de variabilité tel qu'il est organisé par notre loi, c'est-à-dire avec dispense de publication pour chacune des modifications, il était absolument nécessaire d'adopter la forme de Société par actions.

Dès 1868, M. Rivière enseignait cette doctrine : « les « sociétés à capital variable pourront bien se constituer « sous la forme de Société en nom collectif, ou en « commandite par intérêt, mais elles resteront sou-

1. M. Lescœur, p. 260.

« mises aux principes qui gouvernent ces sociétés... « elles ne seront pas régies par les dispositions du titre « que nous expliquons ».

Dans un discours prononcé le 16 Avril 1883, devant la Commission extraparlementaire des associations ouvrières, M. Waldeck-Rousseau disait : « la loi porte « que ces sociétés (coopératives), devront emprunter « une des formes indiquées dans la loi de 1867, c'est-« à-dire qu'elles devront être des sociétés anonymes « ou en commandite ».

L'article 48 de la loi de 1867, s'exprime de la sorte : « Il peut être stipulé, les statuts de *toute* société, que le capital... etc... » Quelles sont les sociétés visées par le mot « toute »? A-t-on voulu désigner même les sociétés qui ne sont pas coopératives ? a-t-on voulu embrasser toutes les formes de société ? M. Mathieu a eu soin de s'expliquer sur ce point dans son premier rapport. Il précise, que « la première rédaction de l'art. 48 faite par le Conseil d'Etat, portait : « Dans les statuts des « sociétés anonymes ou des sociétés en commandite « par actions ». Sur un nouvel amendement proposé par « la commission, le conseil d'Etat a adopté la rédaction « nouvelle et définitive que nous proposons au Corps « législatif (1) ». Au cours de la discussion du projet par la Chambre des députés, le ministre du commerce, s'exprima dans le même sens : « Il est évident que si

1. Riv. p. 609, note.

« l'on veut constituer une société coopérative qui ait la « forme d'une société en nom collectif, il n'y a aucune « difficulté... La législation actuelle ne s'y oppose pas.. « J'ajoute que les principes posés par la loi actuelle ne « s'y opposent pas davantage. En effet, l'art. 48 dit : « Il peut être stipulé dans les statuts de toute société... » « ce qui comprend non seulement la société anonyme, « non seulement la responsabilité limitée par actions, « mais la société en commandite simple... » (1) Enfin, il avait été bien précisé qu'on avait voulu poser « des « règles générales qui, n'excluant aucun des objets « possibles de l'activité *civile*, commerciale, indus- « trielle... » devaient constituer une loi « de droit « commun (2).

Au surplus, il suffit de lire le titre III pour se rendre compte qu'il envisage bien toutes les formes de sociétés : l'art. 54, n'a d'utilité, et sa présence dans la loi ne se comprend que pour les sociétés de personnes.

L'extension du titre III, aux sociétés civiles, est presque unanimement enseignée dans les ouvrages juridiques (3).

Si l'on est d'accord sur les principes on ne l'est pas sur son application, et, quand il s'agit de déterminer quelles sont, dans la loi de 1867, les dispositions qui

1. *Moniteur universel*, du 9 juin 1867, p. 711.

2. *Premier rapport*, Riv. p. 604.

3. MM. Thaller, n° 817. Lyon-Caen et Renault, n° 1039. Houpin n° 937, Vavasseur, n° 983. Dalloz, S. n° 2172.

peuvent s'appliquer à toutes les formes de sociétés et celles qui sont spéciales à chacune d'entre elles, on se trouve en présence d'une difficulté sérieuse.

La cause de cette difficulté réside dans un défaut de méthode imputable aux législateurs de 1867. Dans les deux premiers titres de leur loi, où ils traitent de deux formes particulières des sociétés, ils envisagent successivement la création de la société, puis son fonctionnement, ses organes.. ; ils la considèrent comme un être agissant et vivant, et ils ont réglé les diverses circonstances de sa vie, en suivant l'ordre chronologique. On peut facilement constater qu'ils ont suivi le même ordre dans le titre III. Or, si cette méthode convenait parfaitement à une société qui réalise comme la commandite ou la société anonyme, un type autonome et distinct, elle ne convient plus du tout lorsqu'il s'agit d'une simple modalité, comme celle qu'a organisée le titre III, et qui est destinée à s'adjoindre aux types ordinaires de sociétés. Il aurait fallu, en bonne méthode, distinguer nettement entre les dispositions du titre III qui sont communes à toutes les formes de sociétés, et celles qui sont spéciales à chacune d'elles ; on aurait ensuite classé ces dernières en autant de parties distinctes qu'il y a de formes particulières.

Ce défaut de méthode a entraîné une certaine diversité dans l'application de la loi, et surtout beaucoup d'incertitude dans son interprétation.

Comment, et en vertu de quel critérium, déterminer

la sphère d'application de chacune des dispositions du titre III ?

Pour M. Vavasseur « une solution simple et logique « se présente à l'esprit : l'art. 50 est le seul dans la « loi qui ait trait aux actions ; ce sera donc le seul « qui sera spécialement réservé aux sociétés par « actions. Les autres articles seront communs à toutes « les sociétés (1) ».

D'après MM. Lyon-Caen et Renault, « le moyen le « plus simple et le plus rationnel pour fixer la portée « des articles de la loi de 1867, consiste à rechercher « quel en est exactement le but. Se proposent-ils de régler « la faculté de retrait des apports et d'en déterminer « les effets pour mettre obstacle à ce que l'exercice de « cette faculté ne nuise aux créanciers de la société « en diminuant le capital social qui leur sert de gage ? « Ils s'appliquent à toutes les sociétés à capital varia- « ble, fussent-elles des sociétés en nom collectif ou en « commandite simple. Au contraire, s'ils ont seule- « ment pour but d'empêcher qu'au moyen de la stipu « lation de variabilité du capital, toutes les sociétés ne « puissent se soustraire aux règles générales de la loi « de 1867, ils doivent être restreints aux sociétés « par actions (2) ».

Cette méthode a sur celle de M. Vavasseur l'avan-

1. Vavasseur, n° 986.

2. MM. Lyon-Caen et Renault, n° 1039.

tage d'être conforme à l'esprit de la loi et de ne point s'attacher à l'emploi de telle ou telle expression, c'est-à-dire, à la lettre stricte de la loi.

Cependant, cette méthode nous laisse quelque doute. Il est assurément très rationnel de fixer la portée d'un article d'après le but qu'on lui reconnaît : mais c'est précisément sur ce but même qu'il faut s'entendre tout d'abord. D'après leur méthode, MM. Lyon-Caen et Renault considèrent comme s'appliquant seuls aux sociétés par actions les art. 49, 50, et le troisième alinéa de l'art. 51 (1). Est-il bien certain que ces dispositions soient les seules qui aient « pour but d'empê- « cher qu'au moyen de la stipulation de variabilité du « capital, toutes les sociétés ne puissent se soustraire « aux règles générales de la loi de 1867 ».

Il nous a semblé que le seul moyen de résoudre cette question était de nous en rapporter aux intentions des auteurs de la loi, et nous avons cherché dans les travaux préparatoires du titre III et dans la discussion qu'il souleva au parlement, le critérium nécessaire pour fixer la partie de chacun des articles de ce titre.

Hâtons-nous de dire que le résultat de nos recherches a été à peu près conforme à la décision de MM. Lyon-Caen et Renault, et que nous avons simplement ajouté aux dispositions qu'ils considèrent comme spé-

1. Conf. MM. Houpin, n° 971 et s. Rousseau, *Manuel des Soc. par actions* 1132.

ciales aux sociétés par actions, les deux premiers alinéas de l'art. 1851. Il est vrai que les conséquences de cette adjonction sont considérables. Nous les justifierons en leur temps.

Pour l'instant, nous allons passer en revue les diverses dispositions du titre III, en indiquant, pour chacune d'elles, les motifs qui permettent de lui assigner telle ou telle portée.

Nous examinerons en premier lieu, les dispositions communes à toutes les formes de sociétés.

Ces dispositions, d'une manière générale, sont celles qui organisent la variabilité du capital : c'est l'expression employée par la rubrique du titre III, mais en réalité, si l'on s'en rapporte à la genèse de la loi, elle a bien plutôt organisé la mobilité du personnel.

Ce que réclamaient les sociétés coopératives et surtout les sociétés de production, on l'a vu par les chapitres précédents, c'était d'abord la faculté de pouvoir augmenter le nombre de leurs membres à mesure que les affaires sociales prendraient de l'extension ; c'était aussi le droit, pour les associés, de se retirer librement, pour la société, d'exclure de son sein les associés qui jetaient le trouble et entravaient la marche des affaires sociales, sans être tenue de publier chacune des retraites et des adhésions. On trouve ces considérations développées dans la brochure de 1863 et dans les exposés des motifs. On peut dire que la nécessité d'organiser la mobilité du personnel sans astreindre la société à des publications incessantes a été la cause déterminante de la loi et pour ainsi dire son idée mère.

La Commission n'avait pas écarté cette idée, mais préoccupée d'empêcher les abus « qui avaient jadis déshonoré » les sociétés commerciales, elle s'était placée avant tout au point de vue des tiers, et avait considéré la mobilité du personnel, dans ses effets extérieurs, qui sont des effets pécuniaires. C'est ainsi que la variabilité du capital a pris le pas, dans la loi, sur la mobilité du personnel. Mais sous quelque face qu'on l'envisage, l'organisation de 1867 est la même que celle de 1863, et de 1865 : on a réalisé une combinaison permettant, suivant les besoins de la société, l'adhésion de membres nouveaux, ou la retraite de certains associés. C'est l'ensemble de ces deux dispositions qui constitue la modalité organisée par le titre III.

Aussi dirons-nous qu'une société dans laquelle le capital sera susceptible d'augmentation seulement ou de diminution, ne sera pas régie par le titre III de la loi de 1867. L'art. 48 est bien conçu d'une façon permissive en ce sens que l'adoption du régime qu'il organise est facultative, mais il est impératif en ce sens que ses dispositions sont indivisibles (1).

1. Conf. MM. Thaller, n° 819. Boistel n° 337. Haupin n° 971. Rousseau n° 1119. Vavasseur n° 973. Lyon 22 janv. 72. S. 1873. 2. 55. D. 72. 2. 375. *Contra* Lyon-Caen et Renault 1047. Mathieu et Bourguignat n° 269.

Nous avons dit que la mobilité du personnel avait des effets pécuniaires, très importants pour les tiers. Ces effets consistent dans ce fait que l'associé qui se retire de la société, a le droit de reprendre ses apports : ils seront d'autant plus importants qu'on interprêtera le mot apports d'une façon plus large. On peut en effet l'envisager comme désignant simplement le versement initial de l'associé, les espèces réellement fournies par lui, et rien de plus, ou bien comme comprenant une part de l'actif social, divisé par le nombre des associés. Tout ce qui dépasse le versement initial, et qui est le produit du travail de l'associé, est alors considéré comme l'accessoire de l'apport primitif. Quelle interprétation adopter ?

La solution nous est indiquée par ce principe que toute participation aux risques, a pour corollaire, une participation aux bénéfices, et réciproquement. Or, l'associé qui se retire est responsable pendant un certain délai des pertes sociales. Il est juste qu'il participe aux gains, et il ne peut le faire équitablement qu'en prélevant sa part proportionnelle de l'actif social Ajoutons que, si la société est en pertes au moment de son départ, il ne pourra prélever son apport que de déduction faite de sa quote part dans les pertes (1).

Certains auteurs font une distinction : si l'associé se retire volontairement, il n'a droit qu'à sa mise ; s'il est

1. Vavasseur n° 979.

exclu on doit lui rembourser la valeur actuelle de sa part sociale (1). Cette distinction est un peu arbitraire, La retraite peut-être fort légitime et l'exclusion tout-à-fait injuste : pourquoi la situation de l'associé serait-elle meilleure dans la seconde hypothèse que dans la première ?

Mais comment fixera-t-on la valeur actuelle de la part sociale revenant à l'associé qui se retire ou qui est exclu ?

.Faut-il procéder à une liquidation, lors de chaque modification du personnel? Doit-on s'en remettre soit à l'inventaire précédent, soit au prochain inventaire.

Si l'on adopte l'un des derniers systèmes, il arrivera que l'associé ne participera pas à tous les gains ou à toutes les pertes qu'il a contribué à créer dans le cas où l'on s'en remet au précédent inventaire, et dans le cas où l'on s'en rapporte à l'inventaire prochain, que l'associé sera exposé à supporter des pertes survenues après son départ, ou à profiter de gains qui ne viennent pas de son travail.

L'adoption du premier système est plus équitable, c'est à lui que la loi paraît s'être rapportée, en disposant, dans l'art. 52, que l'associé, après son départ, resterait responsable pendant cinq ans, des obligations *existant au moment de sa retraite* (2).

1. MM. Lyon-Caen et Renault n° 1043.

2. M. Thaller n° 822. Besançon 31 juillet 1889. R. S. 1887. p. 591.

La mobilité du personnel pouvait entraîner certains abus. Pour protéger dans la mesure du possible les associés contre une exclusion injuste, la loi exige que l'exclusion soit prononcée par l'Assemblée générale, et que cette assemblée ne puisse voter l'exclusion qu'à la majorité fixée pour la modification des statuts (a. 52). C'est là un minimun de garantie, mais rien ne s'oppose à ce que les statuts accordent aux associés une garantie plus grande, en élevant encore le chiffre de la majorité nécessaire (1).

Cependant, la Cour de Paris a décidé qu'il y avait « une concordance *absolue* entre la majorité nécessaire « pour la modification aux statuts et la majorité pour « exclure un sociétaire (2) ».

Critiquant cette décision, M. Wahl reconnaît aux statuts le droit de fixer pour le second cas une majorité inférieure à celle qui est exigée pour le premier (3). Cette faculté ne nous paraît pas répondre au vœu de la loi et garantir suffisamment l'intérêt des associés.

Bien que l'assemblée générale soit seule compétente pour prononcer l'exclusion, on peut, dans certains cas où il importe de faire cesser au plus vite le trouble apporté par un associé, reconnaître au conseil d'administration le droit de prononcer la suspension tempo-

1. MM. Lyon-Caen et Renault n° 1040 *bis* Cass. Réq, 31 oct. 92, R. S. 93. p. 10,

2. 30 juin 98. J. S., 98, p. 425.

3. *Ann. de Droit com.*, 1899, p. 28.

raire de cet associé, sauf à rendre l'assemblée générale, juge de cette mesure (1).

Il ne fallait pas seulement protéger l'associé contre l'omnipotence de l'Assemblée générale, il fallait encore mettre la Société à l'abri des agissements des associés qui, en se retirant à un moment où la Société a besoin de leur travail, ou en exigeant leur remboursement au moment où les fonds de la société ne sont pas disponibles, pouvaient attirer à leurs co-associés, les embarras les plus graves. Pour prévenir de pareils tracas, l'art. 52 permet de limiter le droit de retraite par des « conventions contraires ». Les statuts pourront donc valablement, soit stipuler en faveur de la Société un délai de remboursement, soit obliger l'associé qui se retire, à prévenir à l'avance la Société, de son départ. En l'absence de ces dispositions, on pourrait toujours appliquer les art. 1869 et 1870 du C. civ. Le rapporteur de la loi de 1867, a eu soin de déclarer « que la fraude faisant exception à toutes les règles, « il pourrait y avoir lieu pour les tribunaux, à qui la « question serait soumise, d'appliquer les principes « du droit commun ».

A côté de l'intérêt des associés pris individuellement, et de l'intérêt de la Société, en tant que ces deux intérêts sont opposés l'un à l'autre le législateur avait à

1. *Trib. civ.*, Saint-Etienne, 8 août 91. R. S. 9, S. 363. Lyon 19 mars 1897. J. S. 1898-60.

sauvegarder un troisième intérêt : celui des tiers. Il y a pourvu par deux ordres de dispositions. L'une est édictée par l'art. 52; nous l'avons rencontrée déjà; elle consiste à rendre l'associé sorti de la Société, responsable pendant deux ans, des obligations qui existaient au moment de sa retraite. La seconde disposition est constituée par les mesures de publicité organisées pour les Sociétés commerciales : en prenant connaissance des extraits, prévus par les art. 55 à 58, les tiers apprendront qu'ils sont en présence d'une Société à capital variable, et pourront prendre telles mesures de prudence qu'ils jugeront utiles.

Tel est le système qu'ont organisé les législateurs de 1867, dans le titre III. Le pivot de ce système réside dans la dispense de publier chacune des modifications du personnel et du capital : cette dispense est accordée par un article étranger au titre III, l'art. 62 de notre loi.

Si nous essayons de résumer en quelques mots le système de la variabilité du capital, nous verrons qu'il consiste essentiellement dans la faculté qu'ont certaines Sociétés, sans être astreintes aux publications auxquelles seraient tenues les Sociétés ordinaires, de pouvoir, soit augmenter leur personnel par l'adhésion de membres nouveaux, qui conformément aux principes généraux devront faire un apport à la Société et augmenteront par suite son capital, soit diminuer ce même personnel par la retraite ou l'exclusion d'associés, qui, en se retirant de la Société, emporteront leur part sociale, mais resteront vis-à-vis des tiers, responsables pendant cinq ans des obligations sociales existant au moment où ils sont sortis de la Société. L'art. 52 al. 1 et al. 2 prévient certains abus auxquels cette forme pourrait donner lieu soit à l'encontre de la Société soit à l'encontre des associés. L'alinéa 3 du même article, et les mesures de publicité ordinaires préviennent les tiers contre les tromperies auxquelles la variabilité pourrait donner lieu si elle restait secrète, et leur accordent certaines garanties.

A ces dispositions se borne la partie générale de la loi.

On a voulu faire rentrer parmi elles les alinéas 1 et 2 de l'art. 51. Les travaux préliminaires de la loi s'y opposent de la façon la plus nette, et il faut considérer les art. 49, 50, et 51 comme s'appliquant dans leur entier et exclusivement aux sociétés par actions.

A part la disposition fixant à 50 francs le minimum des actions, qui se trouvait dans les deux projets du gouvernement, et les alinéas 1 et 3 de l'art. 51 qu'on pouvait lire dans le second projet, toutes les dispositions prévues par nos trois articles sont nouvelles, et ont été introduites dans la loi par la Commission.

Or le but de la Commission nous est indiqué par le rapport de M. Mathieu : « Des garanties étaient nécessaires contre le retour possible des scandales qui « antérieurement à la loi de 1856, ont déshonoré la

« Société en Commandite, en faisant d'elle un trop fa-
« cile instrument de fraude et de spoliation. L'éducation « industrielle du pays a prospéré sans doute. Qui, ce-« pendant, oserait affirmer qu'on ne verrait plus, si « l'obstacle des lois ne les arrêtait, des hommes auda-« cieux bâtir sur de brillants mensonges des Sociétés « *dont le capital divisé à l'infini solliciterait et rui-« nerait les plus humbles épargnes* (1) ». Remarquons tout d'abord que ces dangers n'existent et que ces paroles ne s'expliquent que pour les sociétés par actions. Le rapporteur reconnaît la nécessité de certaines restrictions : toutes celles qu'il envisage ont trait aux actions. Ce que la Commission réglemente, c'est l'action au porteur « qui avant 1856 avait été surtout l'instrument de l'agio-« tage ».

Devant le Corps législatif, la commission donna les mêmes explications. « Dans la commission, déclara « M. Emile Ollivier (2) nos investigations ont toujours « été limitées et dirigées par cette idée qu'il s'agissait « de sociétés en commandite par actions ou de sociétés « anonymes. » Cette affirmation était la vérité même en ce sens que toute la partie *restrictive* de la loi s'applique uniquement dans la pensée de ses auteurs aux sociétés par actions, causes et moyens de tout agiotage. Mais on aurait tort de considérer comme exprimant autre chose que cela, les paroles par lesquelles

1. Riv, p. 605.

2. *Monit. Univ.* 8 juin 1867.

M. Ollivier affirmait que « toutes les fois qu'à l'avenir « les sociétés coopératives se constitueront sans diviser leur capital en actions, elles ne seront pas plus « atteintes par la loi actuelle qu'elles ne l'étaient dans « le passé par la loi de 1856 ». Il faut entendre ces paroles comme visant *les restrictions* de la loi actuelle, et cette correction est si nécessaire, et répond si bien aux intentions de l'orateur, que celui-ci était amené deux jours après à préciser dans le sens que nous indiquons l'interprétation qu'il fallait donner à ses paroles.

Le ministre du commerce venait de prononcer les explications que nous avons précédemment citées (1), et par lesquelles il montrait que la variabilité du capital s'étendait à toutes les formes de sociétés. M. Garnier-Pagès, répondait par certaines critiques. Dans la séance précédente il avait demandé si la partie restrictive de la loi s'appliquait aux sociétés par intérêt, et c'est à lui que M. Emile Ollivier avait répondu par les paroles que nous avons rappelées. Dans la séance à laquelle nous faisons allusion M. Garnier Pagès s'efforçait de démonter que, dans le système de la commission, la partie de la loi qui conférait des avantages ne pourrait pas s'appliquer aux mêmes sociétés par intérêt : « Quatre-vingt sociétés coopératives sur quatre-vingt-neuf, « sont toutes des sociétés personnelles... Pourquoi fai-

1. Voir Supr. p. 103.

« tes-vous votre loi ? c'est pour donner à ces sociétés « à capital variable certains avantages..,Mais ces avan- « tages, si ces sociétés ne rentrent pas dans le cadre de « notre loi, leur seront immédiatement refusées... — « M. Emile Ollivier : Non ! non ! — M. Garnier-Pagès : Vous ne pouvez pas le nier — M. E. Ollivier : Je le nie. « — M. Darimon (autre membre de la Commission) : « C'est inexact ».

Comme l'argument de M. Garnier-Pagès avait été repris, sous une autre forme, par M. Marie, M. E. Ollivier fut amené à monter à la Tribune, et à faire les déclarations suivantes qui, étant donné le moment où elles ont été faites, ne peuvent rien laisser de doute sur le sens de la loi : « l'objection de M. Marie consiste « à dire : l'art. 48 concède à toutes les sociétés la « faculté de faire varier son capital. Mais la loi subor- « donne pour toutes les Sociétés cette faculté à l'ac- « complissement des règles spéciales qu'elle indique. « Or, ces règles sont restrictives. De leur application, « résultera donc une atteinte aux Sociétés qui, aujour- « d'hui étant en commandite simple ont une latitude « que les articles 49, 50, et 51 leur retireront en par- « tie.

« Je reprends de nouveau la réponse que l'honora- « ble M. Mathieu a faite aujourd'hui, que j'ai faite hier, « et que l'honorable Ministre du Commerce a repro- « duite ici en termes parfaitement clairs. Et je répète « que les art. 49, 50 et 51 ne s'appliquent absolument

« qu'aux Sociétés dans lesquelles il y aura division du « capital en actions. Dès lors, tout ce qu'il y a de spé- « cial dans ces articles ne peut pas atteindre les Socié- « tés qui conserveront ou adopteront la forme de la « commandite par intérêt » (1).

Cette observation termina la discussion sur ce point, ce qui semble bien indiquer, que tout le monde adoptait l'interprétation de M. E. Ollivier.

Nous devons donc admettre avec les législateurs de 1867 que les articles 49, 50 et 51 s'appliquent intégralement et exclusivement aux Sociétés par actions. Si nous en examinons le contenu, et si nous comparons ces dispositions avec les autres dispositions du même titre, nous constaterons que ces articles contiennent la partie restrictive de la loi à l'exclusion de tous autres. L'alinéa 3 de l'art. 52, n'est lui-même que l'application d'un principe général, édicté par l'art. 64 du Code de commerce.

Mais ces trois articles ne contiennent pas seulement des dispositions restrictives : ils accordent aussi certaines faveurs, destinées à faciliter la création de sociétés par actions entre ouvriers et petits capitalistes. On doit même constater que les restrictions prévues par nos articles sont la compensation des faveurs accordées par eux.

Deux obstacles s'opposaient à l'accès des sociétés

1. *Monit. Univ.* 9 juin 1867. p. 711.

par actions, par les gens de peu de fortune : la trop grande élévation du taux des actions et l'obligation de verser, avant la constitution de la société le quart de chaque action.

On supprima ces deux obstacles. D'après l'art. 1 de la loi du 24 juillet 1867 le taux minimum des actions était différent suivant que le capital social était inférieur ou supérieur à 200.000 francs. Dans le premier cas le taux était de 100 francs; il était de 500 francs dans le second.

Les législateurs de 1867 n'envisagèrent que le premier cas. Ils estimèrent que, pour des gens qui ne peuvent pas effectuer un premier versement de 25 francs, il est inutile de prévoir un trop gros capital. On décida que dans les sociétés dont le capital était inférieur à 200 000 francs, le taux des actions serait abaissé à 50 francs.

Depuis la loi de 93, ce taux est tombé à 25 francs, ce qui fait qu'une société coopérative peut aujourd'hui s'organiser sous la forme de société par actions avec un personnel de huit mille membres pour un capital souscrit, de deux cent mille francs.

D'après le droit commun, les actions doivent être libérées du quart, au moment de la constitution de la Société : on accorda la faculté de les libérer seulement du dixième. C'est là le vrai sens de l'alinéa 3 de l'art. 51. On lui attribue d'ordinaire un sens très différent : il signifierait « qu'à la différence de ce qui a lieu pour « les sociétés ordinaires, il n'est pas nécessaire, pour

« qu'une société par actions à capital variable soit dé-
« finitivement constituée, que chaque actionnaire ait « versé le dixième des actions par lui souscrites ; il « suffit que le dixième du capital social soit versé dans « la caisse sociale, quelle que soit la proportion dans « laquelle il a été fourni par chaque actionnaire (1) ».

Les travaux préparatoires de la loi n'autorisent pas cette interprétation. « L'action nominative, *libérée d'un « dixième avant toute négociation...*, devait arrêter et « déjouer les combinaisons de la fraude ». Ainsi s'exprime le rapport de M. Mathieu (2), qui précise encore cette manière de voir : « Ne suffit-il pas d'abaisser jus- « qu'à 50 francs le minimum de l'action, *avec verse- « ment obligatoire du dixième ?* N'y a-t-il pas là l'é- « quivalent d'une action de 5 francs avec la perspective « il est vrai, des versements graduels ?... Sans doute, « entre le versement obligatoire et le chiffre nominal « de l'action, l'écart (45 francs) a une certaine impor- « tance »...

C'est avec cette interprétation que l'art. 51 a été présenté au Corps législatif : « Cinquante francs, avec « le versement d'un dixième — a dit le ministre du « Commerce — c'est-à-dire 5 francs, peut-on dire,

1. Code de Com., annoté par Cohendry et Darras, sous l'art. 51 MM, Boistel n° 340. Lyon-Caen et Renault 1014. Houpin, t. II, n° 883. Ruben de Couder, v. *Soc. a cap. var.* n° 31. Vavasseur, t. 2, n° 989. Rousseau, n° 1130.

2. Riv. p. 606.

« comme l'indiquait hier l'honorable M. Jules Simon « que c'est là un coupon trop élevé ? (1) ».

Interprêter l'al. 3 de l'art. 51, comme on le fait, c'est ouvrir la porte à une fraude facile, que les législateurs de 1867, ont justement voulu éviter. Il faut donc, décider comme nous le faisons, que chaque action doit être libérée d'un dixième, soit aujourd'hui de 2 fr. 50 au minimum (2).

Il fallait prévoir, — c'était de l'essence même de la société à capital variable — les augmentations du capital. Allait-on permettre aux fondateurs de tourner les prescriptions de l'art. 49 al. I, en portant, au lendemain de la constitution de la société le capital social à un chiffre bien supérieur à celui de 200.000 fr. ? Allait-on entraver le développement de la société par une réglementation trop rigoureuse? On crut éviter les deux inconvénients en fixant à 200.000 fr. le chiffre des élévations annuelles du capital, faites soit progressivement, soit d'un seul bloc (art. 49, al. 2.)

Il fallait aussi prévoir les diminutions du capital, produites, soit par les départs d'associés, soit par des retraits partiels sur les apports effectués.

Dans les sociétés, où la responsabilité de chacun des associés peut être réduite à 25 francs, il aurait pu arriver que, par suite des diminutions successives du

1. *Monit. Univ.*, 9 juin 1867, p. 711, 3e colonne,

2. M. Thaller. n° 824. Pont, t. 2, n° 1745,

capital, les tiers se trouvassent en présence d'une société à peu près fictive, n'ayant que sa raison sociale, et peu ou point de membres : les membres sortis de la société auraient bien été responsables, mais la modicité de leur responsabilité, et la multiplicité des actions à engager auraient établi un obstacle de fait à ce que les créanciers sociaux pussent exercer leur droit.

On a prévenu ce danger par les al. 1 et 2 de l'art. 51, qui obligent les statuts à fixer à la réduction du capital un minimum qui ne peut être inférieur au dixième de ce capital.

Ce serait à tort, selon nous, qu'on appliquerait ces dispositions à toutes les sociétés à capital variable.

Elles rentrent bien tout d'abord parmi les mesures auxquelles faisait allusion M. Garnier-Pagès, et qui constitueraient « une aggravation pour les sociétés en « nom collectif et en commandite simple, au lieu d'être « un adoucissement pour elles ». C'est bien des alinéas 1 et 2 de l'art. 51 qu'on peut dire « au lieu d'accorder « une faveur, ils créeraient un obstacle de plus » (1). Nous avons vu avec quelle énergie les membres de la commission ont affirmé que ces aggravations étaient spéciales aux sociétés par actions.

Nous savons aussi que les dispositions nouvelles ajoutées par la commission au projet du gouvernement concernaient toutes, des sociétés par actions ; or l'al. 2 figure parmi ces dispositions nouvelles.

1. *Monit. Univ.*, 8 juin 1867.

En édictant ces dispositions, la commission a eu certainement en vue l'obligation de libérer les actions du dixième : « il a semblé à la commission qu'en fixant « (ce minimum) au dixième dont le versement était « obligatoire, on créait une garantie sérieuse, et non « un obstacle à la constitution et à la marche des so- « ciétés »(1). Il y a bien en effet une corrélation nécessaire entre ce minimum d'abaissement et l'obligation d'un versement initial ; comment appliquer les deux alinéas de l'art. 51, à une société en nom collectif qui se formerait sans capital ?

Enfin cette disposition n'a d'utilité réelle que pour les sociétés à responsabilité limitée. Pour les sociétés de personnes, la responsabilité illimitée, et solidaire en certains cas, des associés, constitue une garantie suffisante pour les créanciers sociaux.

Signalons trois dispositions de rigueur, dues à la défiance, du législateur pour les sociétés par actions.

Les actions seront nominatives, — elles ne pourront être négociées qu'après la constitution de la société et par voie de transfert. (art. 50), — enfin les sociétés par actions, seront obligées, en dehors des mesures de publicité imposées à toutes les sociétés, de mentionner dans tous les imprimés émanés d'elles, leur caractère de sociétés à capital variable (art 64. al. 2).

On trouve dans l'art. 50, al. 3, une disposition qui

1. Riv. p. 697.

vérifie bien la conception que nous avons donnée des sociétés coopératives, et d'après laquelle ces sociétés, même constituées par actions, ne peuvent pas être considérées comme étant tout-à-fait des sociétés de capitaux : la négociation des actions est soumise à l'approbation de l'assemblée ; il faut que la personne du nouveau titulaire de l'action soit agréée par la majorité des associés.

Il nous reste à examiner deux dispositions qui sont sans application possible pour les sociétés par actions, et qui sont spéciales, la première, contenue dans l'art. 54, aux sociétés par intérêt, la seconde édictée par l'art. 53, aux sociétés civiles.

La disposition de l'art. 54, vérifie une autre face de la conception que nous nous sommes faite des sociétés coopératives. Nous avons dit que ces sociétés mêmes lorsqu'elles étaient organisées avec la forme de sociétés en nom collectif, n'étaient pas absolument des sociétés par intérêts. Dans ces dernières en effet, l'*intuitus personœ* est absolument respecté (1). Si, dans les sociétés coopératives, on avait voulu appliquer les art. 1865 et 1868 du C. Civ., on aurait été exposé à des liquidations trop nombreuses, et la marche des affaires sociales aurait pu être sérieusement entravée. On décida qu'aucun des événements prévus par nos deux articles, n'entraînerait la dissolution de la société.

1. M. Thaller, n° 255.

La dernière disposition que nous avons à envisager est sans application depuis que la jurisprudence a reconnu d'une manière générale la personnalité des Sociétés civiles (1). C'est en vertu des principes généraux et non en raison de l'article 53, qu'on reconnaîtra désormais aux Sociétés coopératives dont l'objet est civil, le droit d'être représentées en justice par leurs administrateurs. Cet article accordait, dans l'ancienne jurisprudence, une faveur considérable à ces sociétés. Il n'a pas perdu, comme on le verra tout intérêt théorique.

Telles sont, éclairées par les travaux préparatoires de la loi, et par les discussions parlementaires, les dispositions du titre III de la loi de 1867.

Elles ont toutes leur explication rationnelle, et elles témoignent chez le législateur d'alors, d'une connaissance très profonde des besoins des sociétés coopératives. Peut-être aurait-il pu adopter une autre méthode, et chercher à limiter les faveurs qu'il accordait, par une définition générale. Il aurait ainsi pu éviter un certain nombre de dispositions restrictives, telles que la limitation du capital, la fixation d'un taux minimum pour les actions... On ne peut guère lui faire un grief d'avoir évité cette définition : les sociétés coopératives étaient encore peu étudiées au point de vue juridique,

1. Cass. 23 fév. 1891. D. 91.3.337. S. 92.I.73. Cass. 2 mars 1892. D. 93. I. 169. S. 92.1.497. Cass. 2 janv. 94. D. 94. D. 94.1.81. S. 94.5.129.

et il a fallu attendre quarante années, pour en trouver une définition.

On peut dire, que, étant donnée la méthode qu'il a employée, il a fait une loi équitable, sage, et pratique. Presque tous les griefs qu'on adresse au titre III, viennent de ce qu'on ne l'a pas, ou de ce qu'on l'a mal étudié.

Non seulement il n'a pas empêché, le développement des sociétés coopératives, mais il a certainement contribué à leur succès et à leur multiplication. Le nombre actuel des sociétés coopératives (1) est la preuve manifeste de ce que nous avançons.

Il faut être surtout reconnaissant aux auteurs de la loi de 1867, de n'avoir point songé à faire un type de société uniforme, spécial, et obligatoire, que les sociétés coopératives auraient été tenues d'adopter, sinon pour exister légalement, du moins pour jouir des faveurs accordées par la loi. En organisant une simple modalité, ils ont laissé à nos sociétés la liberté d'adopter la forme qui leur convenait le mieux, tout en jouissant de facilités qui leur sont indispensables.

L'expérience a en effet démontré que toutes les formes de sociétés ne conviennent pas également bien à tous les types de coopération. Le choix de la forme qu'il faut adopter, variera suivant qu'il s'agira de société de production, de consommation ou de crédit.

1. V. *suprà* p. 5.

Pour ces dernières, une distinction est nécessaire. S'agit-il de caisses urbaines? Comme elles ont à faire des avances sur mémoires pour des travaux qui souvent ne sont pas achevés, et dont le paiement n'est pas absolument certain, de l'escompte sur des valeurs d'une estimation difficile et qui peuvent être de complaisance; des prêts à des ouvriers ou à de petits artisans sans surface, comme ces opérations font courir de grands risques à ces sociétés en raison de l'impossibilité où elles se trouvent de se renseigner exactement sur la solvabilité de leurs membres et clients, elles auront intérêt à compenser les risques courus par des précautions très grandes, et à adopter la forme de sociétés à responsabilité limitée. C'est ce qui a lieu en pratique.

Dans les caisses rurales, les opérations sont plus rares: Elles se bornent en général, à des prêts faits à bon escient, à des gens dont la situation est connue, dont les agissements peuvent difficilement rester cachés: aussi n'y a-t-il point d'inconvénient pour elles à adopter la forme de sociétés à responsabilité illimitée. Il y aura au contraire tout avantage, car, en augmentant la garantie des tiers, elles inspireront plus de confiance, obtiendront chez les banquiers avec qui elles peuvent correspondre des conditions meilleures, et trouveront plus facilement des capitalistes disposés à leur faire des dépôts de fonds. Les caisses rurales créées sous l'impulsion de M. Louis Durand, ont toutes adopté cette forme.

Les Sociétés de consommation, font courir des risques fort minimes à leurs membres. Les ventes au détail sont faites presque toujours au comptant, et les achats ne sont faits qu'à bon escient. D'autre part ces sociétés sont celles où *l'intuitus personæ* a le moins d'importance. La forme de Sociétés à responsabilité limitée semble donc bien leur convenir. Mais elles agiront sagement en évitant la commandite. Le gérant aurait, dans la Société, trop d'importance. On voit malheureusement trop de gérants disposés à recevoir de la part des fournisseurs, des commissions souvent considérables, en échange de marchés désavantageux pour la Société. Nous n'avons pu trouver d'indications permettant de savoir quelle est la forme adoptée de préférence par les Sociétés de consommation.

La grande difficulté, pour les Sociétés de production, surtout au début de leur existence, est de trouver du crédit, pour se procurer les avances, le fonds de roulement dont elles ont besoin pour l'exécution de leurs travaux. Elles trouveront du crédit d'autant plus facilement que les garanties offertes par elles, seront plus grandes. Elles ont donc intérêt à adopter les formes dans lesquelles la responsabilité des associés est illimitée. Comme, dans la Société en nom collectif, la responsabilité est en outre solidaire, cette forme semble toute désignée pour les Sociétés de production.

C'est cette dernière forme qui a été tout d'abord adoptée de préférence, jusqu'en 1852: De 1852 à 1867 on choisissait plutôt la commmandite simple : mais on s'en tenait presqu'exclusivement aux sociétés par intérêt (1). En 1867, M. Garnier Pagès constatait, devant le Corps législatif, que « quatre-vingt-cinq sociétés coopé-« ratives sur 89 étaient des sociétés personnelles. » (2) Nous manquons d'indication pour la période qui s'étend de 1867 à 1881. Depuis cette dernière date, c'est la société anonyme à capital variable qui est le plus fréquemment choisie. D'après une enquête dirigée par l'Office du Travail et portant sur l'année 1895, les 172 sociétés qui existaient alors se divisaient en 146 sociétés anonymes à capital variable — 7 sociétés à capital fixe — 14 sociétés avec ou sans commandite et 5 sociétés diverses. Cette répartition n'est peut-être pas faite suivant une méthode irréprochable, mais elle montre le succès de la forme de Société anonyme à capital variable. Ce succès nous paraît dû un peu à l'éloignement de certains ouvriers pour une responsabilité très étendue, — et surtout à l'erreur enseignée et propagée par les commissions officielles et les socialistes, erreur d'après laquelle la forme de société anonyme à capital variable est obligatoire pour les sociétés coopératives.

Enfin il ne faut pas oublier que la variabilité du capital est absolument facultative, et que les coopéra-

1. M. Hubert Valleroux. *Les Associations Ouvrières*, p. 25.

2. *Moniteur Universel*, 7 Juin 1867, p. 711.

teurs sont libres d'adopter les formes ordinaires de sociétés.

Rappelons en terminant que s'ils adoptent la variabilité du capital, ils pourront s'ils la combinent avec une forme de société par intérêt, jouir de tous les avantages du titre III, sans d'autre restriction que celles qui résultent des dispositions spéciales à la forme adoptée.

Les coopérateurs auront ainsi un maximum de faveurs et de libertés, avec un maximum d'obligations et d'entraves.

Cependant la loi de 1867 n'est pas à l'abri de tout reproche. Elle a négligé de trancher certains points dont la solution aurait pu éviter bien des contestations et des procès. Nous allons examiner certains de ces points dans le prochain chapitre.

CHAPITRE V

Les sociétés coopératives envisagées comme personnes morales.

Pas plus que les auteurs de la loi de 1867, nous n'avons la prétention d'embrasser toutes les questions que peuvent faire naître les sociétés coopératives. Comme le dit avec raison M. Vavasseur, « il serait « prématuré non moins que téméraire de prétendre « faire un traité complet sur cette matière presque « encore neuve et inconnue de la plupart des légistes « eux-mêmes ».

Nous écarterons donc de cette étude et de parti-pris toutes les questions d'ordre économique qui se sont posées au sujet des société coopératives. Parmi celles qui présentent un intérêt juridique, nous écarterons aussi les questions de pure doctrine.

Nous nous bornerons à examiner les difficultés qui ont été portées devant les tribunaux et tranchées par eux, sous le secours de la loi de 1867.

Ces difficultés sont peu nombreuses. Disons tout de suite, et dans un intérêt de méthode qu'elles nous semblent toutes se rattacher au caractère de personnes morales que possèdent les Sociétés coopératives, et qu'il suffit pour les résoudre, de tirer les déductions logiques du principe qui amenait le législateur de 1867 à décider par l'art. 53, que ces sociétés seraient valablement représentées en justice par leurs administrateurs. Cet article implique bien que ces sociétés ont une existence propre et constituent un organisme distinct des associés considérés individuellement.

Les difficultés que nous devons examiner à ce point de vue, se ramènent à deux groupes : les unes se rapportent à la qualité civile ou commerciale des Sociétés coopératives, les autres à leur responsabilité en cas d'accidents.

La question de la commercialité des Sociétés coopératives, a pris dans ces dernières années des proportions considérables. Les Sociétés coopératives, les unions et fédérations de sociétés coopératives, les congrès coopératifs, le congrès international de la coopération tenu à Paris en 1900, se sont amplement occupés de cette question. Avec une unanimité incontestable, les coopérateurs protestent, par tous les moyens et de toutes leurs forces, contre l'assimilation aux sociétés commerciales, des sociétés coopératives de consommation et de crédit, qui ne travaillent qu'avec leurs membres (1).

1. Voir *Almanach de la Coopération pour 1901*, p. 37. *L'Union coopérative*, 1er août 1901, p. 24.

Cette assimilation entraînerait pour eux des conséquences très différentes, mais également graves. Au point de vue fiscal, il faudrait les soumettre au paiement de certains impôts, et notamment à la patente. Au point de vue juridique, si les sociétés coopératives étaient commerciales, elles seraient soumises pour leur constitution aux formes et aux dispositions du code de commerce, à la compétence commerciale, et, le cas échéant, au régime de la faillite ou de la liquidation judiciaire.

Les conséquences juridiques, semblent peu préoccuper les coopérateurs. Ils en parlent fort peu, ou pas du tout. Les congrès ne les signalent même pas.

Toute l'attention se concentre sur les conséquences fiscales : ce sont en effet, celles qui offrent pour les sociétés coopératives l'intérêt le plus immédiat. Il est bien certain que ces sociétés ont tout intérêt à ne point payer la patente. Mais cet intérêt même, nous conduit à douter un peu de l'impartialité des coopérateurs lorsqu'ils étudient la question de la commercialité de leurs sociétés. Il ne s'agit pas pour eux de rechercher en toute indépendance d'esprit, si leurs sociétés ont ou non le caractère civil ; il faut démontrer qu'elles ont ce caractère. Tous leurs raisonnements sont guidés par cette conclusion posée à l'avance. Ce n'est pas là, il faut bien en convenir, une méthode très juridique.

Il ne faut pas oublier qu'en face des coopératives, il y a les tiers, les créanciers sociaux. En bonne justice, l'intérêt de ces créanciers, a tout autant de poids, est digne d'autant de sollicitude que l'intérêt des coopérateurs et de leurs sociétés.

Au surplus, on ne doit pas, pour trancher une question de droit, tenir compte d'intérêts particuliers, qui sont essentiellement variables et contingents. On doit uniquement s'appuyer sur les principes juridiques contenus dans nos codes et dans nos lois. Si l'on agit de la sorte, on est conduit à reconnaître que les sociétés de consommation, comme les sociétés de crédit, sont en toute hypothèse, des sociétés commerciales.

Hâtons-nous d'ajouter que cette conclusion n'entraîne pas fatalement pour elles, l'obligation de payer les impôts auxquels elles prétendent se soustraire.

L'étendue de la controverse qui nous occupe, a été singulièrement restreinte par la loi du 1er août 1893, d'après lesquelles toutes les sociétés par actions sont commerciales en raison de leur forme. Elle ne porte que sur les sociétés par actions constituées antérieurement à cette loi, sur les sociétés en nom collectif, et sur les sociétés en commandite simple. Une société peut, en effet, revêtir une de ces formes commerciales, tout en ayant un objet civil. A l'inverse elle peut avoir un objet commercial et avoir pris la forme civile : dans ce cas elle rentre aussi dans la controverse.

Devant les Tribunaux judiciaires, la question de la commercialité des sociétés coopératives, s'est posée uniquement pour les sociétés de consommation. Devant les tribunaux administratifs, elle s'est posée en outre pour les sociétés de crédit. Dans la doctrine elle a été soulevée également pour les sociétés de production.

A vrai dire MM. Baudry-Lacantinerie et Wahl, sont les seuls à prétendre que les sociétés coopératives sont toutes et sans distinction des sociétés civiles. Ils se bornent du reste à émettre leur opinion sans indiquer sur quoi il la font reposer. Ils ne parlent même pas des sociétés de crédit, mais la façon dont ils décident pour les sociétés de consommation et de production, implique la même décision pour les sociétés de crédit : « Les « sociétés coopératives de consommation sont des so- « ciétés civiles, si on les considère comme des sociétés. « Elles n'ont pas un objet de spéculation, car elles « vendent aux associés eux-mêmes, les marchandises « qu'elles achètent. Il en est de même des Sociétés « de production. Mais il est préférable de voir dans les « sociétés coopératives des associations, car les asso- « ciés n'y recherchent pas le gain (1) ».

Comme ces auteurs sont les seuls de cette opinion relativement aux sociétés de production, disons sans plus tarder, et pour ne plus revenir sur le caractère de ces sociétés, que cette opinion doit être écartée. M. Thaller dit très justement que « les ouvriers associés font « exactement ce qu'un patron eût accompli si l'on avait « suivi l'organisation ordinaire » (2).

1. Sociétés, n° 12 1, p. 75.

2. N° 812.

Par suite la société est civile quand elle a pour objet l'exploitation d'une industrie extrative ou agricole ; elle est commerciale si elle a pour objet des actes de commerce (1).

Pour les sociétés de crédit, quelques auteurs émettent l'opinion qu'il faut reconnaître leur commercialité. C'est en ce sens que se prononce Dalloz. Il s'appuie sur l'art. 632, C. com. « Il est difficile, dit-il, (2) de ne « pas leur reconnaître le caractère commercial puis- « que les opérations de crédit mutuel constituent des « opérations de banques, qui sont essentiellement des « actes de commerce ».

Sur les Sociétés de consommation, Dalloz partage l'opinion admise par la majorité des auteurs, qui se décident de la même façon, et pour les Sociétés de consommation, et pour les Sociétés de crédit. Ces auteurs font une distinction : lorsque ces opérations font des affaires avec les tiers, ils les déclarent commerciales ; mais ils les tiennent pour civiles si elles bornent leurs opérations à leurs membres (3).

Si l'on en croyait les coopérateurs, la jurisprudence se prononcerait unanimement dans le même sens que ces auteurs. Il n'en est rien, et si l'on prend la peine

1. MM. Lyon-Caen et Renault, n° 1033[4].

2. D. S. v° Société n° 2.192. Arthuys *Rev. Crit.*, 1033.

3. MM. Thaller n° 813. Lyon-Caen et Renault 1033. Houpin n° 265. Vavasseur 1004 et 1005. Rousseau 1118. Hubert-Valleroux *Rev. Soc.* 1884, p. 251.

de lire tous les documents de jurisprudence relatifs à cette question on s'aperçoit que la plus grande diversité règne parmi eux, et que les tribunaux sont très divisés.

Pour certains d'entre eux, les Sociétés de consommation et de Crédit sont toujours commerciales, même si elles ne font d'affaires qu'avec leurs membres (1).

Le tribunal de Saint-Etienne a, au contraire, reconnu le caractère civil, même à une Société de consommation qui vendait à des tiers (2).

Les autres tribunaux, — et surtout les tribunaux administratifs — reconnaissent bien aux sociétés qui ne contractent qu'avec leurs membres, le caractère civil, mais à une condition, c'est que ces sociétés se bornent à revendre leurs marchandises avec la majoration strictement nécessaire pour couvrir les frais généraux (3).

Si les coopératives revendent en majorant leurs prix de façon à pouvoir disposer de certaines som-

1. Tribunal de Meaux, sur appel Paris 5 juin 1880, et Cassation avec note conf. *Journal des soc.* 1881, p. 10. Paris ch. corr. 17 nov. 1887, R. S. 1888, p. 184, par analogie : Angers 29 oct. 1894, R. S. 1895, p. 70.

2. St-Etienne 26 janv. 91. R. S. 1891, p. 291. *Cons. d'Etat*, 8 fév. 1896, S. 98, 3, 42.

3. Paris, 20 mars 1888. R. S. 1888, p. 316. Voir la jurisprudence indiquée sous : Cons. d'Etat, 26 janv. 1895. S. 1897-3-29.

mes qui ne sont ni réparties aux sociétaires ni consacrées au paiement des frais généraux, mais consacrées à une destination spéciale, les tribunaux déclarent qu'elles sont commerciales (1). Une note de Sirey, explique cette décision en disant que dans ce cas elles réalisent des bénéfices.

Le tribunal correctionnel de la Seine, s'est borné à rechercher si la société vendait à d'autres qu'à ses membres, et, dans l'affirmative, lui a reconnu le caractère commercial, sans se préoccuper de la destination donnée à l'encaisse de la société provenant de la différence entre le prix de vente et le prix d'achat (2).

On invoqne parfois à côté de cette décision un jugement du tribunal civil de Périgueux : ce jugement décide bien que les sociétés qui ne traitent pas avec les tiers sont civiles, mais il refuse en même temps à leurs administrateurs le droit de les représenter en justice, et ne les considère pas comme des personnes morales (3). Les deux questions sont connexes. Si l'on admet la personnalité il faut admettre la commercialité. Inversement, on peut repousser cette qualité si l'on n'admet pas la personnalité.

Enfin, il faut citer une dernière opinion d'après laquelle les coopératives seront toujours commerciales

1. Cons. d'Etat, 26 janv. 1895 et la note, précité.

2. Tr. Corr. Seine, 19 décembre 1894. R. S. 1895, p. 180. Trib. com. Nantes, 26 juin 1886. *Journal des Soc.*, 1889, p. 93.

3. Tribunal civ. Périgueux, 5 août 1885. R. Soc. 1887, 580.

quand elles seront faites entre commerçants, et dans l'intérêt de leur commerce (1).

On voit que la jurisprudence n'est pas précisément unanime.

Si l'on ramène à un exposé systématique des opinions aussi différentes et des décisions aussi variées, on reconnaît que les unes et les autres peuvent se ramener à trois théories.

Dans la première, les sociétés coopératives de consommation et de crédit, sont toujours et en toute hypothèse des sociétés commerciales.

D'après la seconde, il faut distinguer entre les sociétés qui font des affaires avec les tiers et celles qui n'en font qu'avec leurs membres : les premières sont commerciales, les secondes sont civiles. Cette théorie réunit des opinions extrêmement autorisées, mais toutes s'appuient sur des motifs différents.

La troisième enfin,pour reconnaître le caractère civil à nos sociétés, exige non seulement qu'elles limitent leurs affaires à leurs membres, mais en outre qu'elles revendent leurs marchandises avec une majoration strictement nécessaire pour couvrir les frais généraux.

Nous négligeons à dessein le jugement de Saint-Etienne, qui paraît être plutôt une décision de circonstance qu'un jugement de principe.

Examinons comment on raisonne pour étayer des opinions aussi différentes.

1. Vavasseur 1004. Cons. d'Etat, 16 mars 1895, précité.

Reconnaissons tout d'abord que ceux qui regardent les coopératives comme étant des associations plutôt que des sociétés, sont tout à fait conséquents avec eux-mêmes, en leur reconnaissant le caractère civil. La question de la commercialité ne se pose que pour une société. Ainsi raisonnent MM. Thaller, Baudry-Lacantinerie et Wahl, Lyon-Caen et Renault.

Mais absolument illogiques, nous paraissent les auteurs qui, tout en soutenant que les coopératives sont bien des sociétés, ne veulent point convenir que ces sociétés sont commerciales. Les raisonnements par lesquels ils soutiennent leurs opinions, sont contradictoires et se détruisent réciproquement.

S'agit-il de critiquer un arrêt qui a déclaré commerciale, une société de consommation ne vendant qu'à ses membres, par ce motif, « qu'elle effectue des ventes au « comptant et réalise un profit sur lequel s'effectue un « prélèvement destiné à former un fonds de réserve, le « bénéfice net, étant divisé en parts attribuées aux « consommateurs, à l'amortissement du matériel, « etc., (1) » alors on s'efforce de démontrer que la société n'a pas réalisé de bénéfice (2). « Le but de ces « sociétés, expose-t-on, est de procurer à leurs membres « une économie... ». Sans doute, on verse bien à la fin de l'exercice, une certaine somme aux associés,

1. Arrêt de la C. Paris, 1887, précité.

2. M. Hubert-Valleroux, R. S. 1888, p. 184.

mais ce n'est pas là un bénéfice, c'est un simple remboursement : « On peut dire même pour parler exac- « tement qu'ils — (les sociétaires) — ne *font pas un* « *gain, mais une économie...* »

Or, en 1897, le même auteur était amené à nous démontrer le contraire de ce qu'il soutenait à cette occasion. On avait prétendu au cours d'un congrès, que les sociétés coopératives ne sont pas des sociétés parce qu'elles ne font pas de bénéfices. Notre auteur écrit alors des pages pour démontrer la fausseté de cette opinion et nous prouver que les coopératives recherchent bien et réalisent un profit, qui tantôt est versé aux associés en fin d'exercice, et tantôt « au lieu de « leur venir en fin d'année, leur arrive à chaque opé- « ration » (1).

Ainsi, quand il faut démontrer que la société est une véritable société, répondant bien aux exigences de l'art. 1832 C. civ., c'est-à-dire réalisant des « bénéfices » on n'hésite pas : on nous en fait la démonstration. Mais lorsqu'il faut au contraire établir que ces sociétés ne sont pas commerciales, c'est-à-dire « ne cherchent « pas un bénéfice, signe auquel on reconnaît le commerçant » (2), on n'hésite pas davantage, et, par des raisonnements non moins solides on nous prouve d'une

1. *Rev. Soc.* 1897, p. 316.

2. M. Hubert-Valleroux, note sous Cons. d'Etat, 4 décembre 1896. R. S. 1897, p. 131.

façon péremptoire, que nos sociétés ne font point de bénéfices.

Ces contradictions proviennent d'un opportunisme louable en faveur des sociétés coopératives. Ces sociétés ont tout intérêt à être des sociétés, et non des associations : qu'elles soient des sociétés. Elles ont un intérêt non moins grand à être des sociétés civiles : la démonstration est des plus faciles. On voudrait leur donner à la fois tous les avantages.

Il est permis de croire, cependant, que le dévouement à la coopération ne doit pas l'emporter sur la logique des raisonnements, et sur les principes du droit.

Ce qui permet aux auteurs dont nous critiquons les opinions, de raisonner comme ils le font, et de paraître judicieux quand on suit chacun de leurs raisonnements abstraction faite l'un de l'autre, c'est que, pour chacun d'eux ils se placent à un point de vue différent. Tantôt ils considèrent la société comme personne morale, ce qui leur permet de soutenir que les coopératives sont de vraies sociétés. Tantôt ils envisagent la société comme contrat, ce qui les conduit à analyser les rapports des associés entre eux et à en déduire des conséquences, justes en elles-mêmes, mais inapplicables à la personne collective que constitue la société.

Il est tout-à-fait conforme aux principes de distinguer dans toute société ce double caractère de *contrat*, quand on se réfère à ce qu'on pourrait appeler la vie intérieure de la société, et de *personne morale*, quand on envisage les rapports de la société avec les tiers, ou avec les associés pris individuellement. Cette distinction n'est pas nouvelle : on la trouve à chaque pas dans les ouvrages de doctrine et les décisions de jurisprudence. Mais il est irrationnel et peu juridique d'appliquer à la personne morale, les règles qui régissent les rapports des associés entre eux, ou, inversement de vouloir appliquer aux rapports entre les associés, les dispositions et les principes qui ne concernent que la société personne morale.

Pour décider si la société est civile ou commerciale, il faut envisager uniquement la société personne collective, dans ses rapports avec les tiers, ou avec les associés, sans se préoccuper des associés pris individuellement.

Toute la suite de la discussion démontrera la vérité de cette assertion.

On est d'accord pour décider que, pour déterminer le caractère civil ou commercial d'une société, il faut lui appliquer les mêmes règles qu'aux individus. « Il en « est, dit M. Thaller, d'un société comme d'un indivi- « du... Si le commerçant est celui qui exerce profes- « sionnellement des actes de commerce (a. 1r du C. « Com.), sans égard aux apparences dont il s'environne, « il y a parité de situation pour les sociétés (1) ».

1. N° 241.

« Pour déterminer si un individu est ou non un com-
« merçant, on doit examiner d'après le code de com.
« (ar. 1), s'il fait des actes de commerce sa profes-
« sion habituelle. N'était-il pas naturel de suivre la
« même règle pour la question identique qui s'élevait
« à propos des sociétés? (1) ».

Par application de ces principes, on décidera que « la société de commerce est celle qui poursuit des « opérations commerciales, et que toute autre société « est civile ». En d'autres termes, et, suivant une formule courante, c'est *par leur objet* que se détermine le caractère civil ou commercial des sociétés.

Qu'est-ce qu'on entend par « l'objet » d'une société? MM. Lyon-Caen et Renault, et Vavasseur nous répondent qu'on veut ainsi désigner « la nature des opérations » de la société. MM. Baudry-Lacantinerie et Wahl, donnent en termes explicites la même interprétation « l'objet de la société, est le but qu'elle poursuit « (v. Guillouard. *Sociétés* n° 42) ou, plus exactement « (*car on pourrait également considérer la recher- « che des bénéfices, comme le but de la société*), la « nature de l'exploitation (2) ».

Ces principes sont universellement acceptés.

Appliquons-les aux sociétés de crédit et de consommation, et demandons-nous si elles ont pour objet

1. M. Lyon-Caen et Renault. Sociétés, n° 93.

2. M. Baudry-Lacantinerie et Wahl. Sociétés, p. 44.

« l'exercice habituel d'actes réputés commerciaux par « les articles 632 et 633 du C. com. (1) ».

Les sociétés de crédit ont pour objet de réunir des fonds provenant soit de dépôts, soit de cotisations et, avec les fonds ainsi obtenus qui constituent le patrimoine social, de faire à des personnes déterminées, soit des prêts, soit de l'escompte, soit telles autres opérations dont se chargent ordinairement les banquiers.

Ces actes sont prévus par l'art. 632 C. com., qui déclare commerciale « toute opération de change, banque, et courtage ».

Les sociétés de consommation ont pour objet l'achat en gros de certaines denrées ou marchandises qu'elles reçoivent dans leurs magasins pour les revendre ensuite au détail, à certaines personnes.

D'après les termes du même article 632, « la loi ré« pute acte de Commerce, tout achat de denrées et mar« chandises pour les revendre ».

Il semble qu'il n'y a plus qu'à appliquer les principes énoncés plus haut, et à conclure que ces sociétés faisant des actes qui rendraient un individu commerçant, sont commerciales. Bien au contraire, on décide généralement qu'elles sont civiles, et voici par quels arguments on en arrive à cette conclusion imprévue.

Il est vrai disent les uns que les actes faits par ces

1. M. Vavasseur, n° 5.

sociétés sont bien, dans les cas ordinaires des actes de commerce : mais, accomplis par ces sociétés ils n'en sont point, parce que la Société ne les fait pas avec l'intention de spéculer (1).

Où a-t-on vu que le Code faisait de l'intention de spéculer la caractérisque de l'acte de commerce ? Sur quoi peut bien reposer cette doctrine de la spéculation ?... Elle n'est nullement fondée, et MM. Lyon-Caen et Renault ont eux-mêmes pris soin de la réfuter (2) » On a souvent essayé d'indiquer des caractères « distinctifs communs à tous les actes de commerce. On « a dit que ce sont *des actes de spéculation, c'est-à-« dire ayant pour but la réalisation d'un bénéfice en « argent* ; mais *ce n'est pas là quelque chose d'essen-« tiel* se rencontrant seulement dans les actes de com-« merce, et *se trouvant même dans tous les actes de « commerce*. D'un côté il y a des actes n'ayant rien de « commercial qui impliquent une spéculation. Ainsi le « fermier en prenant à bail, spécule... D'un autre côté « si presque tous les actes de commerce sont des actes « de spéculation, *il en est qui n'ont pas pour but « la réalisation d'un benefice*. Ainsi celui qui appose « sa signature sur une lettre de change, fait un acte « de commerce (a. 632 dernier alinéa C. Com.) et « pourtant, il ne peut avoir eu en vue une spécula-« tion ». On ne peut mieux dire, et il faut convenir que

1. Lyon-Caen et Renault, 1033. Vavasseur 1005.

2. *Manuel de Droit commercial*, 4e édition, p. 20, n° 20.

l'esprit de spéculation ne peut en aucune façon nous servir de critérium.

Aussi, a-t-on placé la question sur un autre terrain. Loin de rechercher si la Société a l'intention de spéculer sur la revente des marchandises, on s'efforce de démontrer qu'il n'y a pas revente. Nous voyons bien une Société acheter en gros, emmagasiner les denrées achetées, ouvrir son magasin, y placer des employés ou des préposés, recevoir des personnes qui viennent contre le versement d'espèces monnayées, chercher effectivement certaines quantités de denrées qui se trouvent en magasin, en proportion de leurs besoins. Nous pourrions nous laisser aller à conclure que cette série d'opérations constitue une vente au détail pour la Société et un achat pour celui qui s'est adressé à elle. Erreur ! Si l'opération avait lieu entre deux particuliers, ou entre une Société et un particulier ordinaire, ce serait une vente. Mais ici — les mots faisant défaut pour une situation aussi nouvelle — on nous affirme que cette vente n'est pas une vente, parce que l'acheteur est en même temps actionnaire de la Société. Quand l'actionnaire d'une manufacture de caoutchouc, ira au siège social, acheter des pneumatiques, il fera un achat. Quand l'actionnaire d'une Société de Consommation achètera une boîte de biscuits, il n'en fera pas un.

La différence vient, assure-t-on, de ce que dans les Sociétés coopératives que nous envisageons, tous les acheteurs ont en même temps la qualité d'actionnaires. L'opération, par ce fait, devient un partage.

Nous répondrons en premier lieu, et cela pourrait suffire qu'il ne faut pas confondre les deux qualités, qu'une même personne peut très bien participer à un acte en deux qualités différentes, et que par suite l'objection ne porte pas.

On peut convenir qu'il y a, dans cette objection ceci de vrai, à savoir, que toute Société a en vue un partage de bénéfices. Mais tel n'est point le sens qu'on lui donne. On considère la série d'opérations qui se succèdent entre la Société et le Consommateur comme un mode de partage en nature.

Cette explication ne peut être admise. Les opérations de la Société sont beaucoup trop complexes, pour constituer un tel partage. Il ne faut pas tenir compte seulement des ventes au détail, mais aussi des achats en gros. Or les achats en gros sont faits au nom de tous les associés, et engagent la responsabilité de chacun. Mais aucun des associés n'est obligé de prendre sa part dans chacun des achats. En fait, il se produit journellement dans les Sociétés de Consommation, qu'une marchandise est écoulée avant que les associés aient pu ou voulu prendre leur part : ceux qui ne l'auront pas fait, profiteront cependant des opérations faites par les autres ; ils spéculent en quelque sorte sur les actes de leurs co-associés. Est-ce là un partage ?

A un autre point de vue, il faudrait pour qu'il y ait

partage en nature, que chacun des associés ait acheté la même quantité de chaque denrée, ou des quantités égales de denrées laissant un bénéfice égal à la société. Si deux consommateurs font pour 50 fr. d'achats, laissant à la société d'un côté, 25 0/0 de bénéfice, de l'autre 10 0/0, la théorie du partage voudrait que celui qui a fait gagner 25 0/0 à la société ait, dans le solde en caisse à la fin de l'exercice, une part plus grande que l'autre consommateur ; ce n'est pas ce qui se produit : on répartit les bénéfices proportionnellement aux achats. On pourrait à vrai dire, établir une majoration uniforme sur toutes les marchandise. Mais par là encore on ne réaliserait pas ce partage. En effet les achats en gros se font dans des conditions d'autant meilleures qu'ils sont considérables : le consommateur qui achète une grande quantité de telle denrée fait donc gagner davantage à la société que celui qui en achète fort peu. On ne tient pas compte de cette considération. Enfin le bénéfice de la société dépend aussi de la quantité de chaque denrée qui restent en magasin à la fin de l'exercice. Ceux qui ont consommé peu ou pas du tout des denrées qui composent ce reliquat devraient voir leur part diminuée dans la mesure où ce solde diminue les bénéfices sociaux. Ce n'est pas ce qui a lieu. Le bénéfice de chacun est calculé au marc le franc, et résulte non seulement des achats faits en gros par la société mais des achats inégaux faits à la société par chacun des associés.

Il est, au surplus bien inutile de poursuivre cette analyse, car, fut-il établi qu'en effet, il y a partage nous n'en déciderions pas moins que la société est commerciale.

En effet la théorie du partage n'envisage que la société contrat. Elle néglige absolument la société personne collective. Les tiers n'ont pas à rechercher, sur qui la société réalise ses bénéfices et surtout comment ces bénéfices sont répartis. Ils n'ont qu'à envisager la société vue, pour ainsi dire, du dehors, et abstraction faite des membres qui la composent. Autrement dit, ils n'ont pas à considérer les associés pris individuellement, ni à se préoccuper des actes et des intentions de chacun d'eux. Ils doivent considérer la masse des associés, qui, pris dans leur ensemble, ne font plus qu'un. S'ils constatent que cette personne collective achète et revend, ils devront la considérer comme commerciale, sans se préoccuper des personnes à qui elle achète pas plus que de celles à qui elle revend.

Si l'on admet que les coopératives sont de vraies sociétés, et si l'on professe en outre la doctrine de la circulation comme critérium de la commercialité, la solution que nous proposons s'impose avec une très grande force.

D'après M. Thaller, auteur de la doctrine à laquelle nous faisons allusion et que nous adoptons pleinement, « s'ingérer entre l'offre et la demande d'un produit ou « d'un facteur de richesse, serait le fait constitutif du

« commerce (1) ». Si les sociétés de consommation et de crédit sont des personnes collectives, et nous croyons l'avoir établi par nos deux premiers chapitres, on doit décider qu'elles ont bien pour but de s'ingérer, de s'interposer dans la circulation des produits. C'est là un état de fait dont il est facile de se rendre compte, la circulation résidant en l'espèce dans un déplacement physique des denrées ou de l'argent. Entre le coopérateur et le producteur ou le capitaliste, se dresse la société. C'est elle qui traite avec les fournisseurs et les déposants, reçoit effectivement les marchandises et capitaux, en dispose, et les fait parvenir à ses membres. A chaque opération correspond le déplacement matériel d'une valeur. Par suite nous avons bien le droit de dire que les sociétés coopératives s'ingèrent dans la circulation des produits, et d'en tirer cette conclusion qu'elles sont commerciales. Cette conclusion nous paraît la seule qui soit conforme aux articles, 632 et 633 C. de commerce.

Nous n'avons pas tenu compte au cours de cet exposé d'une objection qui se présente d'elle-même à l'esprit, et qui d'ailleurs a été maintes fois formulée. Il est temps de la signaler et d'y répondre.

Un petit nombre de personnes ont toujours eu le droit de s'unir pour faire un achat en commun, et répartir ensuite entre elles l'objet acheté, sans être con-

1. Thaller, n° 14.

sidérées comme faisant un acte de commerce. « Com-« ment ce qui est permis à cinq ou six personnes réunies, « pourrait-il être considéré comme une opération com-« merciale, lorsqu'il s'agit d'une société coopérative, « quelque soit le nombre des membres auxquels cette « société distribue ses achats ? (1) ».

Ainsi formulée l'objection ne porte pas. Dans la première hypothèse la situation est fort nette est fort simple : il peut y avoir mandat, indivision, partage... situations faciles à reconnaître, et que le code civil suffit à régler. Pareilles situations se sont produites bien longtemps avant que la coopération fût imaginée.

Mais entre ces humbles groupements et les sociétés coopératives dont la pratique nous révèle l'existence, entre cet obscur contrat et ces sociétés nombreuses, fortes et complexes, il y a autant de différence qu'entre la modeste société en participation et la puissante société par actions.

La vraie difficulté consiste à déterminer la nature et la qualité de certains groupements intermédiaires entre ces deux extrêmes. Mais on voudra bien considérer que toutes les fois qu'il s'agit de cataloguer, d'établir une séparation entre hypothèses voisines, l'arbitraire intervient un peu. Pourquoi faut-il 7 membres et non point 6 ou 8, pour former une société anonyme ? pourquoi 21 personnes qui se réunissent périodiquement

1. M. Lourties. *Rapport au Sénat*, 2 décembre 1895, p. 14.

commettent-elles un délit, alors que 19 peuvent se réunir librement ? A quel point les dépenses de maisons sont-elles excessives dans le sens de l'art. 585 du C. com ?... Autant de questions laissées à l'arbitraire du législateur ou du juge.

Il en sera de même, en notre matière : un projet de réforme repoussé par le Parlement, fixait à 7 le nombre de personnes nécessaire pour fonder une société coopérative. Il vaudrait peut-être mieux laisser trancher la difficulté par les tribunaux.

La théorie que nous venons d'exposer n'entraîne pas nécessairement cette conséquence que les sociétés coopératives seront soumises à toutes les mesures fiscales que certains voudraient leur imposer.

On a, croyons-nous, le plus grand tort de fondre en quelque sorte en une seule, trois questions bien différentes : caractère coopératif de certaines sociétés, caractère commercial de ces sociétés, situations qu'elles ont vis-à-vis du fisc.

La preuve qu'il faut au contraire très nettement le séparer, réside dans ce fait que, depuis fort longtemps, on réclame des mesures de faveur pour les sociétés de production, qui, d'un aveu presque unanime, sont certainement des sociétés commerciales.

Il faut bien reconnaître qu'il y a dans nos sociétés quelque chose de nouveau, de particulier, à savoir qu'elles travaillent uniquement avec leurs membres. Mais en cela réside leur caractère coopératif, et non point leur caractère commercial. Ce sont deux points de vue bien différents. Si, en raison de leur caractère coopératif on entend les dégrever de certaines obligations auxquelles elles seraient soumises en tant que sociétés de commerce, rien de mieux, et c'est aux économistes et aux hommes politiques d'examiner si pareille mesure est opportune; mais il est bien impossible de vouloir que ce qui est, ne soit pas; on ne saurait faire plier la loi, et encore moins les faits, au gré des désirs les plus légitimes.

Le caractère des personnes morales que possèdent les sociétés coopératives a été fort bien reconnu, et sans restriction, dans deux circonstances, qui, on doit le reconnatîre, ne mettaient pas en opposition les intérêts des coopératives et ceux des contributions.

Il s'agissait de déterminer la responsabilité des coopératives en cas d'accidents.

Un cocher, membre d'une société coopérative de cochers, est victime d'un accident, survenu par suite d'un vice de construction de la voiture qui lui a été confiée par la société. Il meurt à la suite de cet accident et ses héritiers assignent la société en dommages-intérêts.

La société répond à l'assignation par le raisonnement que nous avons déjà rencontré; le cocher blessé n'est pas un tiers vis-à-vis de ses co-associés: nous ne formons qu'un groupement de cochers qui se sont unis pour diminuer leurs frais, mais il n'y a pas entre chacun de nous et tous les autres, les rapports qu'on trouve entre un tiers et une société ordinaire. Ce n'est pas parce que nous sommes 50 ou 100 qu'il faut nous considérer sous un autre jour que si nous étions cinq ou six : dans cette dernière hypothèse nous ne serions pas responsables ; nous ne le sommes pas davantage bien que nous soyons plus nombreux.

Ayant à juger pareille contestation, le tribunal civil de la Seine a décidé avec raison que la société était responsable envers ses membres des vices de construction des voitures qu'elle leur donnait à conduire. Cette décision implique que le tribunal a reconnu la société comme personne morale, ayant des obligations distinctes de celles de ses membres (1) M. Hubert-Valleroux approuve cette jurisprudence.

Pareille application du même principe a été faite par le comité consultatif des assurances contre les accidents du travail, institué par le ministre du commerce.

Ce comité a émis l'avis suivant :

« 1° La société coopérative de production, réalisant « une production industrielle, payant des salaires aux « sociétaires employés et, le cas échéant, à des auxi- « liaires, doit être considérée comme « un chef d'entre- « prise » au sens de la loi du 9 avril 1898...

« 2° La responsabilité encourue par la société, per-

1. 13 avril 1895. R. S. 95, p. 367.

« sonne morale, sera supportée en définitive par ses « actionnaires, dans les conditions et proportions dé- « terminées au pacte social, certains sociétaires pou- « vant d'ailleurs se trouver à la fois créanciers de la « société comme victimes d'accidents, et débiteurs « comme actionnaires, mais en vertu de dispositions « législatives et contractuelles d'ordre différent ».

Les explications sur lesquelles nous nous sommes étendu à propos de la commercialité des coopératives, nous dispensent d'insister sur ces décisions.

N'avions-nous point raison de dire, au début de ce chapitre que le législateur de 1867 aurait pu éviter tant de controverses et de décisions contradictoires, en formulant d'une façon plus catégorique et plus nette le principe qui lui faisait édicter l'art. 53 ? Dès qu'on reconnaît la personnalité de nos sociétés, il faut la reconnaître avec toutes ses conséquences.

C'est ce qu'on fait en Italie, où les professeurs Vivante et Manara, dont l'autorité ne saurait être mise en discussion, enseignent l'un et l'autre la doctrine que nous avons exposée, et où la Cour de cassation en a fait l'application par un arrêt du 13 janvier 1896 (1).

1. Cass. Rome, 13 janvier 1898. S. 1899, 4, 21.

CHAPITRE VI

Les projets de réforme.

Nous avons montré sous quelles influences était né le mouvement coopératif de 1848. Nous avons exposé les causes auxquelles était dû le titre III de la loi de 1867, qui coïncida avec un nouveau développement de l'idée coopérative. Aux deux époques l'influence gouvernementale avait contribué puissamment à créer dans l'opinion un mouvement en faveur de la coopération.

Napoléon III ne s'en était pas tenu aux mesures législatives. Il avait voulu contribuer personnellement au développement de nos sociétés, et, vers l'époque où il soumettait au parlement le projet de loi sur les sociétés, il fondait, avec d'autres personnages officiels, une Caisse des sociétés coopératives, dans laquelle il avait, de ses propres deniers, fourni la moitié du capital soit une somme de cinq cent mille francs. Cette caisse était destinée à aider les coopératives et à propager la coopération. Deux autres sociétés : le Crédit au travail et la Caisse d'Escompte, s'étaient proposé le même but.

Les encouragements officiels, joints à cet appui pécuniaire, eurent tout d'abord pour effet de provoquer une apparition de sociétés coopératives analogue au mouvement de 1848. Mais ce nouveau mouvement n'eut pas plus de succès. Beaucoup de sociétés ne se formèrent que pour réaliser un emprunt, et disparaître. Quelques-unes luttèrent un peu, mais s'aperçurent bien vite que pour réussir et subsister, il faut autre chose que des avances de fonds et des encouragements officiels. En 1868 le crédit au travail sombra ; la Caisse d'Escompte suivit sa chute et leur disparition entraîna celle d'un grand nombre de sociétés qui luttaient encore. La Caisse des sociétés coopératives, à son tour, vit son capital entièrement englouti dans des entreprises malheureuses En 1870 le mouvement coopératif était tombé de lui-même, et se trouvait de nouveau enrayé.

Les sociétés ouvrières de production qui avaient été les plus nombreuses et les plus éphémères avaient appris à leurs dépens que les premières conditions de succès étaient pour elles : « du courage, du travail, « de la persévérance, accompagnés de capacités « techniques » (1).

Cependant la coopération n'avait pas tout-à-fait disparu. Elle progressait, fort lentement, lorsque, en 1880-1881, de nouveaux encouragements gouverne-

1. M. Hubert-Valleroux. *Les Associations ouvrières...* p. 20.

mentaux vinrent rééditer les mouvements de 1848 et de 1867.

A cette époque la République sortait victorieuse de ses luttes avec les partis orléanistes et bonapartistes. La démocratie républicaine attendait de ses chefs des encouragements et des réformes ; on ne lui ménagea ni les uns, ni les autres.

Dès 1879, M. de Freycinet, alors ministre des travaux publics, proposait au conseil d'Etat d'étendre les avantages accordés aux Associations ouvrières par le décret du 15 juillet 1848. Son successeur, M. Carnot, reprenait en 1880, sans succès d'ailleurs, la même proposition. Le 7 décembre 1880, M. de Lacretelle demandait inutilement à la Chambre le vote d'une loi dont l'article unique, portait que « les associations « ouvrières seraient admises à concourir à l'adjudica- « tion et à l'exécution des grands travaux de l'Etat, « quel que soit le chiffre de cette adjudication ». En 1881 M. Floquet, alors préfet de la Seine, avait fait revivre en ce qui concernait son administration, le décret du 15 juillet 1848, en instituant une commission chargée de rédiger dans un sens favorable aux associations ouvrières un nouveau cahier des charges pour les travaux de la ville de Paris et du département de la Seine. Deux ans plus tard, M. Waldeck-Rousseau, ministre de l'Intérieur, nommait, le 20 mars 1883, une autre commission chargée « de rechercher le moyen « de faciliter aux associations ouvrières leur admission

« aux adjudications et soumissions des travaux de « l'Etat ». Cette commission dont la mission devait être fort étendue, continua ses travaux jusqu'en 1888. Enfin en 1884, était votée la loi sur les syndicats professionnels.

Faut-il voir dans toutes ces mesures comme le voudrait M. Martin-Saint-Léon un calcul intéressé des chefs du parti républicain qui cherchait à attirer à lui les classes ouvrières et à les circonvenir « au prix de quelques opportunes concessions, » au mieux des intérêts de la république et du parti ? Faut-il y voir au contraire un désir sincère de résoudre le grave problème de l'organisation du travail en prenant « pour « but cet idéal de bien-être universel, de justice sociale, « que tous les serviteurs de la démocratie ont « conçu ? » (1)

Nous préférons adopter la seconde hypothèse.

Mais, quelque nobles qu'aient été les intentions du parti républicain, elles n'ont pas toujours été favorables aux intérêts de ceux qu'elles entendaient servir.

Sous les incitations des pouvoirs publics, l'opinion s'était de nouveau préoccupée des sociétés coopératives. De nouvelles associations ouvrières se constituèrent. Une aide imprévue leur vint de l'initiative privée. En 1882, M. Benjamin Rampal léguait un million à la ville de Paris pour être employé en prêt

1. M. Doumer rapport à la Chambre.

aux sociétés coopératives. Comme en 1848, comme en 1866, les demandes d'emprunts affluèrent. Mais, pas plus qu'autrefois les capitaux ne pouvaient à eux seuls procurer le succès : il fallait toujours de la persévérance, de l'énergie, et des connaissances techniques. Beaucoup d'insuccès se produisirent. Au lieu de les attribuer à eux-mêmes, les coopérateurs et ceux qui les appuyaient crurent trouver la cause de ces insuccès dans les entraves légales que les sociétés coopératives rencontraient pour leur constitution et leur fonctionnement.

Ce prétexte était tout indiqué, car, à cette époque, on préparait une loi sur les sociétés en général, afin de remplacer la loi de 1867 dont on proclamait à l'envi les imperfections.

Ainsi se trouvaient réunies les conditions que nous avons déjà vu rassemblées en 1865 : Projet de loi sur l'ensemble des sociétés, encouragements officiels, mouvement de l'opinion en faveur de la coopération, nouvel essort des sociétés coopératives. De tout cela sortit un projet de loi sur ces sociétés.

Le point de départ, on peut même dire la base de ce projet, se trouve dans l'enquête ordonnée en 1883 par M. Waldeck-Rousseau et poursuivie avec de longues intermittences, jusqu'en 1888.

M. Lourties qui fut à trois reprises nommé rapporteur, au Sénat, du projet de loi sur les coopératives, n'a pour cette enquête que des éloges. Chaque fois qu'il en parle, il le fait en termes dithyrambiques. Jamais enquête « ne fut ni mieux conduite, ni poursuivie « avec autant de zèle intelligent » (1). Ces éloges sont fort exagérés. Sans doute l'enquête a été longue et minutieuse, mais on y relève des erreurs juridiques très graves, que nous avons déjà signalées en partie, et qui ont en quelque sorte faussé le projet de loi. Elle a été, en outre, toujours au point de vue juridique, conduite sans méthode. Tandis que l'enquête de 1865 n'avait d'autre but que de révéler des difficultés pratiques qu'on désirait supprimer, l'enquête de 1883 a affecté de conseiller, de diriger les coopérateurs : on leur a donné des conseils sur des choses qu'on ignorait. On a prétendu préparer la réforme d'une loi ; on ignorait presque cette loi, et on l'interprétait malencontreusement. Le 16 juillet 1888, on a déposé sur le bureau de la Chambre un projet de loi sur les coopératives. Or, jamais encore, dans les sphères officielles, on n'avait sérieusement étudié, en se plaçant au point de vue juridique, la nature des sociétés coopératives, leurs caractères, et leurs conditions d'existence.

Aussi, pendant huit ans, le projet, mal préparé, mal présenté, a-t-il été porté de la Chambre au Sénat et renvoyé du Sénat à la Chambre, sans qu'on soit parvenu à s'entendre, non pas seulement sur son oppor-

1. Rapport au Sénat 22 fév. 1892, p. 15 *J. Of.* Sénat Documents parl. séance 22 juin 1892 p. 73.

tunité, et sur son caractère social, mais sur ses dispositions purement juridiques.

Nous n'avons pas l'intention de faire une analyse complète des trois volumes où sont consignés les résultats de l'enquête, ni des six rapports qui ont été soumis au Parlement de 1888 à 1896, ni enfin, des multiples séances pendant lesquelles fut discuté le projet de loi. La lecture que nous avons faite de ces documents nous a convaincu de l'inutilité d'un semblable travail.

Il nous suffira d'indiquer d'une manière générale, de quels principes sont partis les auteurs du projet de loi — quelles transformations successives a subies ce projet au cours de ses pérégrinations parlementaires — et quelles sont les questions les plus importantes que sa discussion a soulevées.

Les auteurs du projet sont partis de ce principe erroné que la forme de société anonyme à capital variable était obligatoire pour les sociétés coopératives. Nous avons trouvé déjà cette erreur dans l'enquête de 1883 (1); nous l'avons rencontrée aussi, dans un discours de M. Waldeck-Rousseau (2). On a accepté cette opinion sans contrôle. On accepta de même, l'affirmation que le législateur de 1867 avait été guidé par un sentiment de défiance à l'encontre des coopératives. Personne ne se donna la peine de vérifier l'exactitude

1. V. supra, p. 100.
2. V. supra, p. 103.

de ces deux allégations, et pendant huit ans, les rapports faits à la Chambre et au Sénat, ont répété la même chose.

M. Floquet est tellement convaincu que les sociétés coopératives ne peuvent se constituer que sous la forme de sociétés à capital variable, qu'il prend bien soin de leur accorder la faculté de se former à capital fixe : il consacre un titre entier à cette prétendue innovation.

Au nom de la commission de la Chambre, M. Doumer affirme que « c'est la loi du 24 juillet 1867 qui est « seule applicable aux sociétés coopératives de tra- « vailleurs ». (1) Dans le discours qu'il prononça devant le Sénat le 2 juin 1892, M. Lourties soutint (2) que « le titre III de la loi du 24 juillet 1867 sur les « sociétés à capital variable : est véritablement celui « qui s'applique aux sociétés coopératives, quoique cette « qualification ne figure pas dans le texte. » Quatre jours après un autre membre de la commission, M. Lacombe, jurisconsulte fort écouté de la haute assemblée, précisait la façon dont il fallait entendre les idées de la commission, en disant que « les sociétés à capital variable ne sont qu'une variété des sociétés anonymes. » (3)

On nous dispensera de signaler les diverses traces de cette erreur, et de la réfuter de nouveau.

1. Premier rapport 1889 p. 11 — rapp. du 23 janv. 1893 p. 62.

2. Annales du Sénat 1892, p. 74.

3. Ann. Sénat 1892, séance du 16 juin, p. 149.

On éprouve quelque surprise à relever une erreur que la lecture d'un ouvrage de droit commercial élémentaire aurait suffi à dissiper. Mais on est surpris bien davantage en constatant que cette erreur ne souleva pas de protestation. La surprise devient extrême si l'on se reporte aux travaux de la commission nommée par la Chambre pour étudier la réforme de la législation sur les sociétés par actions et au rapport que cette commission élabora en 1884, où l'on pouvait lire : « Un membre de la Commission a émis l'opi- « nion qu'il conviendrait de détacher le titre III du pré- « sent projet qui n'est point une loi sur les sociétés mais qui s'occupe spécialement des sociétés « par actions. Or, ce mode de constitution *n'est point « le « seul qui puisse être adopté par les sociétés à capi- « tal variable ; elles peuvent se constituer sous tou- « tes les formes admises par la loi civile ou commerciale* ». La commission avait repoussé cette opinion « parce que la question ayant été résolue par le légis- « lateur de 1867, qui, lui aussi s'était occupé plus par- « ticulièrement des sociétés par actions, il était impos- « sible que le législateur de 1884, suivît une ligne de « conduite différente ». La commission s'était donc occupée du titre III, et y avait introduit quelques modifications. Elle avait abaissé à 25 francs le taux des actions, décidé que la part de l'associé qui se retire de la société serait fixée d'après le précédent bilan dans les délais fixés par les statuts, et abaissé à 2 ans la durée de sa responsabilité après son départ de la société. Mais le rapport avait eu soin de spécifier, une fois de plus, sous l'article 56 du projet qui correspondrait à l'article 48 de la loi de 1867, que cet article organisait « un régime de droit commun. En consé- « quence, qu'elle soit constituée en nom collectif, en « commandite simple, ou par actions ou sous la forme « anonyme, qu'elle ait un caractère commercial ou civil, « toute société peut stipuler dans ses statuts » le régime de variabilité prévu par la loi.

Un intervalle de quatre ans avait suffi pour rendre superflu, pour faire oublier ce rapport, si tant est qu'on l'avait connu. Le projet de loi sur les sociétés par actions était toujours pendant devant le parlement, et pas un des commissaires chargés d'étudier le projet de loi sur les coopératives, ne s'est avisé que ce projet avait été déjà préparé en quelque sorte, par le projet de réforme de la loi de 1867.

L'erreur commise entraînait un certain nombre de conséquences, qui, si elles avaient été justes, auraient amplement légitimé la réforme de la loi de 1867, dans ses dispositions relatives à nos sociétés. Nous nous contenterons de les énumérer aussi rapidement que possible :

La constitution d'une société à capital variable, entraîne par ses formalités (puisqu'elle doit être anonyme) des longueurs préjudiciables aux associations ouvrières, alors même que les fondateurs connaîtraient bien la loi. (Discours de M. Waldeck-Rousseau à la commission extraparlementaire des associations ouvrières en 1885).

Mais la plupart des associés sont incapables de se reconnaître au milieu de la législatiou de 1867 : ils sont obligés de recourir à l'intervention toujours coûteuse des notaires, avocats, avoués... d'où des frais nouveaux et inutiles (1).

Il faut toujours l'intervention d'un notaire pour constituer la société (constatation des versements dans le sociétés par actions).

Les sociétés coopératives sont toujours soumises à des conditions de publicité très onéreuses.

La loi crée une gêne considérable, en fixant à 200 000 fr. le maximum du capital initial et de chacune des augmentations.

M. Lourties prétendait en outre que la loi de 1867 ne disait « pas un mot des entrées et des sorties des « membres, si fréquentes pourtant dans les sociétés « à personnel variable » (2).

Enfin, M. Floquet présentait dans son exposé des motifs deux griefs tout-à-fait inattendus :

La variabilité du capital était à son avis une grande gêne : « elle organise l'instabilité et crée pour les

1. Rapport à la Chambre 1889 p. 11 et 12. Annales du Sénat, séance du 2 juin 1892 p. 74.

2. Annales du Sénat, 2 juin 1892, p. 74, 2e colonne.

« associations d'ouvriers un danger considérable, celui « de les priver de tout crédit auprès des tiers ».

« D'autre part, avec le régime de 1867, non-seule- « ment le dixième seulement du capital est versé, mais « ce dixième peut, lui-même, être réduit au dixième ».

Mal informé, le législateur de 1888 eut à se repro- cher en outre un défaut absolu de méthode.

On a vu précédemment que toutes les faveurs gou- vernementales, étaient allées, de 1879 à 1888, aux associations ouvrières. En 1888, est rendu le décret du 4 juin, pour permettre aux « sociétés d'ouvriers fran- çais » de pouvoir soumissionner les travaux et four- nitures faisant l'objet des adjudications de l'Etat. On ne se préoccupe que des associations ouvrières ; sur elles se concentre la sollicitude du gouvernement. Le projet déposé en 1888 est uniquement destiné aux ouvriers qui forment des associations de production. La com- mission de la Chambre s'avise que les ouvriers orga- nisent aussi des sociétés de consommation. On se préoccupe donc de ces dernières, mais il ne s'agit tou- jours « que de protéger les ouvriers, de satisfaire à « leurs légitimes revendications » et de résoudre « l'un « des problèmes sociaux les plus graves, les plus « ardus, que le législateur ait à examiner : l'organi- « sation du travail ». (1) Devant la commission du Sénat, le projet s'élargit ; il embrasse les sociétés de

1. M. Doumer. *Rapport à la Chambre*, 8 avril 1889, p. 1 et 2.

crédit et d'habitations ouvrières ; mais là encore, le législateur « se trouvant en présence des plus déshé- « rités de la vie, de ceux qui ont le plus de difficulté « à défendre leurs intérêts »... il entend « leur permet- « tre de s'associer pour traiter d'égal à égal avec de « plus puissants ou de plus forts qu'eux-mêmes » (1).

Ainsi, la position est nettement prise : il s'agit de faire une loi « pour les classes les plus humbles ». (2) Le but principal, c'est de favoriser les ouvriers : la coopération ne figure dans la loi que comme le moyen d'atteindre ce but.

Loin de nous, certes, est la pensée de blâmer le législateur parce qu'il a montré pour les humbles un peu de sollicitude ! Nul, plus que nous, n'admire et n'approuve les progrès accomplis en faveur des petits, et le développement de l'idée de mutualité. Au surplus, la présente étude témoigne suffisamment de l'intérêt que nous portons aux questions sociales.

Mais cela ne saurait nous empêcher de constater avec regret que le législateur a manqué de méthode.

Si l'on voulait faire une loi pour les ouvriers, il fallait la faire nettement et clairement. On aurait pu en critiquer l'opportunité : mais, d'un principe clair et bien défini, il aurait été facile de déduire les conséquen-

1. M. Tolain. *Annales du Sénat*, séance du 16 juin 1892, p. 150.

2. M. Lourties. *Annales du Sénat*, séance du 24 nov. 1893, p. 65.

ces logiques et juridiques. Le projet aurait eu, tout au moins, de la cohésion.

Au lieu d'accepter franchement comme point de départ, l'idée de faire une loi pour ceux qu'on voulait favoriser et rien que pour eux, on eut peur, on hésita, et l'on en vint à déclarer par une contradiction manifeste, qu'on voulait au contraire faire une loi d'intérêt général et non favoriser une classe de citoyens. « Le moment, dit-on, serait singulièrement mal choisi « pour établir des catégories entre les citoyens, même « au regard d'un simple projet de loi (1) ». On se reconnut « en face de cette situation qui consiste à « donner à la coopération la forme de société qui lui « convient, qui répond à ses désirs (2). On déclara qu'on voulait promulguer une sorte « de code de la coopération » (3), et qu'il faudrait que « les Sociétés « coopératives proprement dites rentrent dans le cadre qu'on leur aura tracé, sans quoi, elles « ne seraient pas « légalement des sociétés coopératives (4) ». C'est donc bien une loi d'ordre général, qu'on veut promulguer si l'on s'en rapporte à ces affirmations : L'objet principal de la loi, c'est la coopération; accessoirement,

1. M. Lourties. *Annales du Sénat*, 27 févr. 1896, p. 195 2e col.

2. M. Doumer. *Annales de la Chambre*, 29 mars 1893, p. 1458 1re col.

3. M. Doumer. *Annales de la Ch.*, 5 mai 1894, p. 100, 3e col.

4. M. Doumer. *Annales de la Ch.*, 29 mars 1893, p. 1453.

elle profitera aux humbles comme à tous les autres.

C'était là, changer du tout au tout le but et la méthode de la loi. Aussi, M. Rouanet avait-il raison quand faisant ressortir d'un mot l'équivoque qui avait présidé à l'élaboration des divers projets, il disait : « C'est une loi d'exception pour tout le monde (1).

On ne fait pas une loi d'exception comme on fait une loi pour tout le monde. Entre les deux points de vue, il y a antinomie. Si l'on fait une loi d'exception, il suffit de déterminer les personnes qui pourront en profiter, et de leur accorder ensuite un maximum de faveurs, sans chercher à les faire concorder avec l'ensemble de nos lois. Si l'on veut au contraire, faire une loi pour tout le monde, il faut déterminer l'objet de cette loi, définir les actes qu'elle vise, et la mettre en concordance avec les principes généraux du droit sans ce préoccuper de ceux auxquels elle s'im posera. Il faut donc choisir entre les deux méthodes.

C'est ce qu'on n'a pas su ou voulu faire.

On peut même se demander si la question s'est clairement posée au législateur ? Les auteurs de la loi paraissent plutôt s'être abandonnés aux usages parlementaires qui veulent qu'un projet déposé soit envoyé à une commission, que la commission fasse un rapport sur ce projet, puis qu'on le discute etc... De la sorte, une loi s'élabore non pour appliquer des princi-

1. *Annales de la Chambre*, 5 mai 1894, p. 101.

pes ou améliorer des institutions, mais, suivant un mot de Courteline, par la force de l'habitude. Partis du projet Floquet en 1888, nos législateurs en sont arrivés, en quelque sorte inconsciemment, au projet de 1896, et l'évolution subie entre ces deux dates est due au hasard des discussions ou à la force des préjugés.

Nous décrirons en termes brefs les phases de cette évolution, et seulement dans ses grands traits.

Le projet déposé par M. Floquet, le 16 juillet 1888 est fait à la seule intention des associations ouvrières. Ils s'appuie sur l'enquête de 1883-1888. Cette enquête a révélé que ces associations trouvaient difficilement du crédit. Comme les enquêteurs et le gouvernement professent l'opinion erronée que la forme de société anonyme à capital variable est obligatoire pour les sociétés coopératives, on cherche à éviter la variabilité du capital « ce qui organise l'instabilité » (1). M. Floquet octroie généreusement aux coopérateurs la faculté de se soustraire à cette forme gênante, et pour cela il crée un type de société ouvrière à capital fixe. Ce faisant, il croit accorder une faveur puisque les ouvriers auront le choix entre deux formes de sociétés, au lieu d'en être réduit à une seule. En réalité cette loi crée une gêne considérable, constitue une entrave très grande, puisque les formes qu'elle prévoit étant obligatoires, les coopératives ne pourront plus choisir

1. Exposé des motifs, *Documents Parlementaires*, projets de loi. Chambre des députés, 16 juin 1888, p. 420.

comme elles peuvent le faire sous la loi de 1867, entre dix formes différentes, selon leurs inclinations et leurs besoins, mais, devront choisir entre deux formes très étroitement comprises.

Le projet est divisé en trois parties qui traitent successivement, des dispositions communes à toutes les sociétés ouvrières, des règles propres aux sociétés à capital variable, et des sociétés à capital fixe.

Ces diverses règles sont un mélange de dispositions empruntées au titre III de la loi de 1867, aux autres titres de cette loi, et de dispositions de faveur.

Parmi ces dernières l'art. 2 élève de 200.000 à 300.000 fr. le maximum du capital, fixé par la loi de 1867. Les art. 8 et 9 abrègent et simplifient les formalités de publicité. Les art. 18 et 19 décident que les parts d'intérêt ou d'actions inférieures à 2000 fr. ne seront pas soumises à la loi du 20 juin 1872. La responsabilité de cinq ans est supprimée comme inutile et l'art. 23 prescrit que la part de l'associé qui sortira de la société, sera liquidée d'après l'inventaire qui suivra la retraite.

Dans la société à capital fixe, les associés qui se retirent restent titulaires de leurs actions et membres de la société jusqu'à un transfert régulier.

L'art. 25 autorise les capitalistes non ouvriers à faire partie d'une association ouvrière, ce qui d'ailleurs ne leur a été jamais interdit.

Un titre spécial organise enfin un mode simple, rapide et économique de transfert de créance, à l'usage des associations ouvrières : le transport se fait par acte sous seing privé.

Une disposition originale de ce projet se trouve dans l'art. 20, d'après lequel les sociétés à capital variable ne pourront être formées pour une durée supérieure à cinq « années. La société à capital variable, dit l'exposé « des motifs, est essentiellement mobile. *Elle se forme « aisément et se dissout de même.* Assuré d'en sortir « quand il le voudra, l'ouvrier entre volontiers dans « une telle association ; il n'y apporte qu'une somme « insignifiante et rarement il s'y constituera une épar-« gne. Il vaut mieux n'assurer qu'une brève durée à « une convention aussi peu stable... la situation est « plus nette... » Pour les auteurs de la loi, ce n'est pas le personnel social qui est mobile, c'est la société elle-même. On ne peut méconnaître plus complètement le but et le fonctionnement du régime organisé par le titre III de la loi de 1867.

Ce projet, si peu étudié, si peu conforme aux besoins des sociétés coopératives de production, fut admis à peu près intégralement par la commission de la Chambre des députés qui se borna à y intercaler un titre spécial aux sociétés de consommation. D'après l'art. 37, ces sociétés avaient le droit d'admettre des adhérents moyennant le paiement d'un droit d'entrée de deux francs. L'art. 38 les déclarait civiles, et l'art. 43 créait un fonds de prévoyance obligatoire, les art. 44 à

46 organisaient pour ces sociétés la variabilité du capital et décidaient que l'associé qui cesserait de faire partie de la société, aurait droit à sa part dans les bénéfices d'après le dernier inventaire, mais n'aurait aucun droit sur le fonds de prévoyance. Enfin, d'après l'art. 47, certains privilèges fiscaux étaient accordés à ces sociétés, qui étant déclarées civiles, n'étaient pas soumises à la patente.

Le projet proposé par la Commission fut adopté sans discussion par la Chambre des députés, dans les premiers jours du mois de juin 1889. Mais entre la première et la seconde délibération, on avait fait subir au projet certaines modifications : on avait notamment supprimé la limite de 5 ans qu'on imposait à la durée des Sociétés à capital variable.

Le 14 février 1890, M. Constans, ministre de l'Intérieur, soumettait le projet au vote du Sénat.

La Commission sénatoriale ne déposa son rapport que deux ans plus tard, le 22 février 1892. Elle modifiait le projet dans des proportions notables, et parfois heureuses.

On supprimait les articles relatifs aux Sociétés de production à capital fixe. Mais ce n'était pas dans l'esprit de donner plus de liberté aux Sociétés coopératives : dans l'examen de l'art. 2, le rapporteur déclarait que « la forme à capital fixe est contraire à l'essence de la coopération » (1), et l'art. II indiquait

1. Rapport du 22 février 1892, p. 115.

que le caractère distinctif des Sociétés coopératives, c'était la variabilité du capital, de même que la variabilité des personnes. Ainsi disparaissait la liberté de choix laissée à nos Sociétés entre les diverses formes prévues par nos lois.

On remplaçait la limitation du capital social par des prescriptions bien plus gênantes : aux termes de l'art. 6 la part de chaque associé ne pouvait dépasser 5.000 fr. ; l'intérêt du capital engagé dans la société, ou plutôt, sa rémunération, était limitée à 5 0/0.

Cependant quelques dispositions étaient favorables à la coopération : on autorisait, par l'art. 26 les Unions des Sociétés coopératives, on s'occupait aussi des sociétés de crédit, et l'art. 38 disposait, mesure excellente, que les Caisses d'Epargne pourraient leur faire des avances.

Ce projet contenait une disposition qui est restée pour nous une énigme. L'art. 25 disait : « les sociétés « à capital variable pourront bénéficier de la présente « loi, à condition de se conformer aux dispositions du « titre 1er tout en restant soumises aux règles générales « qui leur sont propres ». Sous l'examen de cet article le rapporteur fait cette simple réflexion « disposition « analogue à celle du § 2, de l'art. 48 de la loi de 1867 ». Mais si cette disposition avait un sens dans cette loi, elle n'en a pas le moindre dans le projet de 1892. Elle ne peut faire allusion aux sociétés coopératives par intérêt puisque le projet a pour but d'organiser une forme spéciale de sociétés par actions,et il est impossible d'appliquer à la commandite simple ou à la société en nom collectif, les art.6, 7, 8, 10... du projet. Elle ne s'applique pas davantage aux sociétés qui ne sont pas coopératives, puisqu'on fait une loi spéciale à la coopération,exclusive, et que les faveurs accordées, ne sont faites que pour les coopératives.

Le changement inconscient de méthode qui avait transformé en loi générale le projet spécial aux associations ouvrières, avait conduit la Commission du Sénat à chercher de la coopération une définition d'ensemble : la coopération,d'après l'art. 1er, était considérée comme « une association de personnes participant à une œu-« vre commune, en vue d'obtenir dans de meilleures « conditions les choses nécessaires à la vie, de réaliser « une épargne ou de tirer un meilleur parti de leurs « ressources ou de leur travail ».

Cette définition fut avec raison critiquée, comme pouvant convenir aux groupements les plus divers. Mais on ne chercha, pas plus qu'en 1867 à trouver une définition exacte. M. Jules Roche, ministre du Commerce, se borna à constater que « donner la définition phi-« losophique de la coopération... n'est pas très utile, « mais est en tous cas très difficile » (1). M. Lacombe ajouta que les définitions étaient toujours dangereuses (2), et l'on continua à s'occuper d'une chose sur la-

1. *Annales du Sénat.* Séance du 2 juin 1892, p. 78.

2. *Annales du Sénat.* Séance du 2 juin 1882, p. 79.

quelle on n'avait aucune idée d'ensemble, et à critiquer la loi de 1867 qu'on interprêtait fort mal. On opposa les sociétés coopératives d'une part, aux sociétés civiles, d'autre part, aux sociétés commerciales (1), ce qui aurait pu conduire à créer à côté du droit commercial et du droit civil, un droit coopératif. Mais cela ne conduisit à rien. Comme l'insinua M. Lavy au cours d'une séance, le 26 avril 1893, on continua à discuter « dans le vide ».

Aussi, de 1892 à 1896, le projet, conservant à peu près la forme que lui avait donné la Commission du Sénat, passa-t-il d'une Chambre à l'autre, recevant d'incessantes modifications de détail, et soumis, à chaque discussion, aux mêmes critiques.

L'intérêt de ces longues discussions se groupe autour de trois points.

1° Questions des auxiliaires et des adhérents surtout dans les sociétés de consommation.

2° Caractère commercial des coopératives.

3° Privilèges à leur accorder.

Sur ce dernier point nous serons très bref. Nous avons déjà indiqué que cette question relève plus de la politique et de l'Economie politique que du droit privé. Les auteurs de la loi voulaient dispenser les coopératives de la patente et de l'impôt sur le revenu: pour empêcher d'autres sociétés que les coopératives de profiter de ces faveurs, on soumettait ces dernières

1. M. Lacombe, même séance, p. 80.

à une surveillance et à une inquisition administrative des plus gênantes : nouvelle atteinte à la liberté de la coopération. Les adversaires protestaient contre ces privilèges et demandaient qu'avant de les accorder on fît une enquête pour se rendre compte des conséquences budgétaires qu'ils feraient naître par leur application.

Nous avons dit comment cette question de faveurs spéciales peut être envisagée en dehors de la commercialité des sociétés.

Au parlement on rendait ces deux questions solidaires l'une de l'autre, et l'on confondait avec les deux, la question des adhérents.

On reconnaissait que « beaucoup de Sociétés coopé-« ratives de consommation auraient de la peine à se « constituer un capital initial suffisant si elles ne fai-« saient pas appel aux adhérents ». On avait également reconnu « qu'elles seraient dans l'impossibilité de « fonctionner, de faire des opérations assez nombreu-« ses, d'avoir en un mot, des chances sérieuses de durée « si elles n'avaient pas ce qu'on peut appeler des « apprentis coopérateurs ».

On accordait, pour répondre à cette nécessité de s'étendre hors du cadre primitif, la faculté de s'adjoindre des adhérents moyennant le paiement d'un droit d'entrée minime, qu'on fixait à 2 francs.

La facilité de cette extension et des adhésions, allait faire courir un danger considérable à tout le petit commerce. Tout consommateur allait devenir apprenti coopérateur, le droit d'entrée de 2 francs ne signifiait rien. Comme le faisaient observer MM. Barthe et Félix Martin au Sénat, MM. Yves Guyot, Cordier, à la Chambre : les sociétés coopératives trouveraient mille moyens de restituer ces deux francs aux adhérents ; l'un des plus simples consistait à donner des primes en nature pour les premiers achats jusqu'à concurrence de cette somme. « Une Société coopérative d'épicerie « hésitera-t-elle à faire un sacrifice de 2 francs pour « s'attirer une consommation mensuelle qui ne montera « pas à moins de 20, 25, 30 ou 50 francs ? » . On avait proposé un moyen terme : élever le droit d'entrée jusqu'au dixième d'une action. Mais les commissions, avaient repoussé cet expédient en alléguant qu'il était impossible de donner aux adhérents, dès leur entrée dans la société, les mêmes privilèges qu'aux anciens membres. Ce prétexte était mauvais, car les adhérents, en entrant dans la Société, assument plutôt des charges, qu'ils ne participent à des avantages. L'adhérent tel qu'on le comprenait avait cette situation privilégiée que nous avons déjà signalée, et qui lui permettait de participer aux bénéfices, sans courir les moindres risques.

Au surplus la discussion était oiseuse. La loi de 1867 a prévu ce besoin d'extension des sociétés coopératives. C'est pour le satisfaire qu'on a organisé la variabilité du personnel et du capital, qu'on a abaissé le taux des actions (25 fr. depuis 1893), autorisé la libération du dixième et le paiement par des versements successifs. Les sociétés coopératives trouvent dans la loi toutes les facilités voulues. Elles peuvent s'attacher autant de nouveaux membres qu'il est inutile en exigeant d'eux un premier paiement de 2 fr. 50. Dans les sociétés en nom collectif, les nouveaux membres peuvent même ne rien payer en entrant dans la société. Seulement dans le système de la loi l'inégalité est absolument maintenue, et les droits des tiers sauvegardés par ce fait, que, au moment même où l'on profite des avantages sociaux, on engage sa responsabilité et l'on assume une part de risques correspondante.

On raisonnait pour les sociétés de production comme pour les sociétés de consommation.

Dans ces dernières, on limitait la part du capital dans le produit brut de l'affaire, à 5 0/0. Dans les sociétés de production, on exigeait le partage égal du produit net, entre le capital d'une part et, d'autre part le travail, ce qui comprenait même les travailleurs auxiliaires.

Ces dispositions, trop absolues, et souvent mal comprises par certains membres du parlement, amenèrent après bien des discussions, la suppression pure et simple des adhérents. On maintint les auxiliaires.

Cette inégalité de traitement est due à ce que le caractère commercial des sociétés de production était mis tout-à-fait à part de la question des auxiliaires, tandis qu'on établissait un lien étroit entre la présence des adhérents et la commercialité des sociétés de consommation. C'était bien à tort. On ne peut empêcher les sociétés de consommation de s'étendre : si elles ne le font pas avec des personnes qu'on appellera adhérents, elles le feront avec des associés nouveaux, grâce à la variabilité du personnel.

La question de la commercialité des sociétés est bien différente,bien distincte. Nous l'avons traitée longuement et nous avons donné à l'avance presque tous les arguments qu'on a fait valoir pour et contre le caractère commercial de ces sociétés. Il faut cependant signaler deux arguments qui montrent comment on raisonnait pour soutenir que les coopératives de consommation étaient des sociétés civiles.

L'un consistait à affirmer, et cette affirmation est coutumière aux coopérateurs, que la jurisprudence est unanime à reconnaître le caractère civil aux sociétés de consommation et de crédit. On a vu, par notre analyse, à quoi se ramène cette prétendue unanimité.

Le second argument mérite d'être connu par les propres paroles de son auteur (1).

« Nous déclarons que les sociétés coopératives au-
« ront nécessairement la forme de sociétés à capital

1. Lacombe. *Annales du Sénat*. 1, du 16 juin 1892, p. 149. 2e colonne.

« variable. Je dois rappeler au Sénat, que les sociétés « à capital variable ne sont qu'une des variétés des so- « ciétés anonymes, et que, comme ces dernières, elles « constituent une personnalité juridique distincte de « la personnalité des membres qui la composent ».

« Mais voici quelle est la conséquence de cette « faveur de ce cadeau que nous leur faisons, qui leur « est reconnue nécessaire pour qu'elles puissent agir « à l'égard des tiers avec une liberté sans laquelle « elle ne peuvent conclure les transactions de chaque « jour : nous leur imposerions en même temps, et de « plein droit, toutes les obligations fiscales auxquelles « elles ne sont pas actuellement assujetties !

« En effet, si, d'après les principes de jurisprudence « que je viens d'indiquer, il n'y a pas lieu à la patente, « c'est parce qu'il n'y a pas un intermédiaire achetant « d'un côté et vendant de l'autre ; que ce soit un syn- « dicat ou une société coopérative qui agisse, *ils n'ont* « *pas ce caractère, ils n'ont pas d'individualité*...

« Mais du jour où la société, coopérative constitue- « ra une personnalité distincte, on lui dira avec juste « raison. Vous êtes un commerçant, vous, société, « qui achetez et revendez à un tel ou à un tel : les « acheteurs sont parmi vos actionnaires, c'est possible, « mais il ne peut y avoir confusion entre eux et vous, « puisque votre personnalité est distincte de la leur ; « vous êtes commerçant, et vous devez supporter

« toutes les conséquences juridiques et fiscales de « cette situation.

« Nous avons voulu éviter cette conséquence de « l'érection forcée des sociétés coopératives en indivi- « dualités juridiques distinctes ; nous avons voulu que « le bénéfice de la personnalité ne leur enlevât pas les « avantages dont elles jouissent aujourd'hui ».

Il est impossible d'afficher d'une manière plus manifeste l'arbitraire législatif. On reconnaît que les sociétés à capital variable sont des individualités juridiques, on sent que cette individualité est une des conditions nécessaires de la vie des coopératives et qu'il faut la reconnaître, mais au lieu de l'accepter avec toutes ses conséquences, on fait un choix entre ces dernières : on repousse bien loin celles qui imposent des obligations, pour n'admettre que celles d'où découlent des avantages et des privilèges.

Arbitraire et injuste, ce procédé repose sur une erreur. On ne fait pas « un cadeau » aux sociétés en leur reconnaissant la personnalité juridique. On ne fait que reconnaître ce qui existe en fait. Nous en appelons sur ce point au témoignage des maîtres dont nous avons suivi les leçons et adopté les doctrines. La personnalité collective existe en dehors de toute reconnaissance légale. La loi n'est pas libérale quand elle accorde l'exercice des droits attachés à la personnalité : elle est simplement juste. Quand elle s'oppose à l'exercice de ces droits elle est arbitraire, injuste et contraire au principe de l'égalité.

Or, tout droit a pour corollaire des obligations. Toute personne a des devoirs. On ne peut pas, sans violer les principes fondamentaux de notre législation, sans porter atteinte à notre régime d'égalité, permettre à qui que ce soit, individu ou société, d'exercer tous ses droits, sans remplir les obligations qui lui incombent.

Aussi ne saurait-on blâmer le Sénat, d'avoir le 13 mars 1893, voté un amendement, proposé par M. Nioche, aux termes duquel « les sociétés coopéra- « tives, comme tous les commerçants et sociétés com- « merciales devaient être soumises à tous les impôts et « droits fiscaux sans aucune exception ». Sur 232 votants, cet amendement avait réuni 143 voix.

Le régime du projet était si bien un régime de faveurs extra égales, que cet amendement voté, toutes les autres dispositions du projet parurent inutiles, comme si les 51 articles qui le composaient avaient eu pour unique but d'encadrer l'article 34 où se trouvaient contenues les faveurs fiscales qu'on avait repoussées. Le rapporteur donna sa démission en déclarant qu'il n'y avait plus de loi. La discussion ne continua pas ; et, depuis lors, le projet sommeille paisiblement dans les cartons du Sénat. Il est à désirer que son sommeil se prolonge le plus possible.

CONCLUSION

Les coopérateurs regrettent amèrement l'échec de ce projet. Ils ont bien tort.

Ils ne voient en lui que le fameux article 34, et les faveurs longtemps et toujours désirées qu'il accordait. Ils ne songent pas à toutes les entraves que ce projet contenait. On en a déjà dressé la liste. Nous ne les énumérerons pas. Les deux principales suffisaient à rendre ce projet non-seulement défavorable mais dangereux et funeste. En imposant une forme unique un moule uniforme à toutes les coopératives, on méconnaissait absolument les besoins très différents des divers types de coopération, et par suite on mettait à leur développement des entraves bien plus grandes encore que celles qui existaient avant la loi de 1867. Pour empêcher l'abus des faveurs qu'on octroyait, on imposait par l'alinéa 3 de l'article 34, « la surveillance « de l'Administration, qui pouvait toujours se faire « présenter les livres ainsi que la liste des membres et « adhérents... » La *surveillance* de l'Administration est toujours à craindre et à redouter.

Au surplus les Sociétés coopératives n'ont pas besoin d'une loi pour jouir des faveurs qu'elles réclament. Une jurisprudence très tolérante les exonère, quand elles limitent leurs affaires à leurs associés, de la patente et de l'impôt sur le revenu.

Il est vrai qu'une situation de fait ne vaut jamais un privilège établi par la loi. Les coopératives sont toujours à la merci d'un changement de jurisprudence, et c'est une éventualité qui peut fort bien se produire. Nous dirons même qu'en l'état de notre législation, elle devrait se produire. Elle ne serait nullement contraire à l'équité.

En effet il faut bien remarquer qu'en réalité, ce n'est pas le commerçant qui supporte la patente, c'est l'acheteur. Pour établir son prix de revente, il est obligé de calculer ses frais généraux et d'y faire figurer le montant de sa patente. Il met, comme le dit Franklin, sa patente sur sa facture, et « c'est, en définitive, sur le consommateur que retombent tous les impôts ». (1)

Si l'on exonère les sociétés coopératives de la patente, on crée non seulement des commerçants privilégiés, mais, même dans l'hypothèse et suivant la théorie du partage adoptée par les coopérateurs, on crée une classe de consommateurs privilégiés, et le principe de l'égalité de tous les citoyens devant l'impôt se trouve ainsi violé.

1. M. Gide. La coopération p. 258.

Au IXe Congrès coopératif national tenu au Musée social en 1896, on a cru réfuter cet argument, qui est plutôt une constatation de fait qu'un moyen de discussion, en disant que cette thèse conduirait à d'absurdes conséquences. « Il n'y a pas dit-on, que les commerçants « qui soient assujettis à la patente : les avocats, les « médecins, les dentistes et bien d'autres sont soumis « à cet impôt. Les uns et les autres récupèrent le « prix de la patente sur les honoraires qu'ils font « payer à leur clientèle, mais pas plus pour eux que « pour les commerçants, on ne viole l'égalité de l'impôt « en n'ayant pas recours à leurs services ; nul ne peut « être obligé d'avoir des procès ou de se faire arracher « les dents pour payer sa part contributive de la pa- « tente ».

Ce raisonnement est présenté sous une forme spirituelle, mais il n'en est pas moins inexact. Il ne s'agit pas de savoir si tout le monde est obligé d'être consommateur et de s'adresser à tel ou tel commerçant, ou d'avoir des procès. Nous n'entendons pas créer le consommateur ou le plaideur malgré lui. Nous disons simplement que toutes les fois qu'on achète une denrée à un commerçant — et toutes les fois qu'on plaide — on paye soit au commerçant soit à l'avocat, une partie de la patente de ces derniers. Si par un moyen quelconque, on crée à côté de la masse des consommateurs, une catégorie de gens qui peuvent se procurer les mêmes denrées dégrevées de la patente, on en fait des privilégiés.

Si nous croyons juste de faire supporter la patente par les sociétés de coopération en l'état actuel de nos lois, nous ne serions pas aussi affirmatif pour l'impôt sur le revenu. Il peut y avoir des cas, où cet impôt fait double emploi avec la patente. Il en est ainsi quand il frappe un capitaliste qui est en même temps consommateur. Enfin il ne doit pas frapper les bonis.

Aussi réprouvrons-nous dans son principe, et presque dans sa teneur le projet de la loi sur les sociétés de consommation déposé à la Chambre par M. Georges Berry (1) le 18 novembre 1898.

Nous réclamons même deux faveurs différentes pour toutes les sociétés coopératives.

L'enquête de 1883-88 a révélé et nos renseignements ont confirmé que c'était la période du début qui était vraiment difficile pour ces sociétés. Ne pourrait-on pas faciliter ces débuts? Quand un propriétaire fait construire un immeuble, il peut être, sur sa demande, dégrévé de l'impôt foncier pendant les trois années qui suivent l'achèvement de la construction. On veut ainsi encourager des opérations qui sont bonnes au point de vue général. Pourquoi n'en userait-on pas de même pour les sociétés coopératives ? Ce serait un encouragement accordé à l'initiative, à l'association, que de les dégrever de la patente pendant les trois années qui suivent leur constitution.

En second lieu, lorsqu'elles adoptent la forme de

1. V. L'*Union Coopérative* septembre 1898, p. 615.

sociétés par actions, et sans supprimer le concours du notaire, dont l'intervention est une garantie pour les tiers, et pour nos sociétés elles-mêmes, on pourrait diminuer les tarifs applicables aux sociétés ordinaires. Les notaires n'en éprouveraient pas grand dommage, et les sociétés réaliseraient une économie fort appréciable quand leur fonds social est modeste. On pourrait d'ailleurs relever ces tarifs pour les sociétés plus riches.

Quant aux réformes légales à demander elles ne nous paraissent ni nombreuses, ni vraiment urgentes.

Les obstacles qu'on a voulu trouver dans le titre III de la loi de 1867 viennent presque tous de ce qu'on a mal interprété ou ignoré cette loi. En laissant une grande latitude aux statuts, elle a, en réalité, organisé un régime de liberté, et il suffit de constater les progrès des sociétés coopératives pour conclure qu'elle ne leur a pas été défavorable.

Au surplus, des réformes ont été accomplies déjà par les lois du 5 novembre 1894 sur les Sociétés de crédit agricole, du 31 mars 1899 sur les caisses régionales de crédit agricole, et du 31 mars 1896, sur les sociétés de construction d'habitations à bon marché. L'examen de chacune de ces lois mériterait une étude spéciale et fort étendue qui ne saurait entrer dans notre cadre.

Les améliorations vraiment utiles à donner aux sociétés coopératives, devraient venir avant tout, d'une refonte générale des dispositions légales sur les sociétés, qui jusqu'à ce jour, sont réparties entre nos codes et diverses lois spéciales. Il serait bon de les rassembler et d'en faire un véritable code des sociétés, où l'on envisagerait également les Associations : parmi celles-ci, on comprendrait certains dérivés de la société coopérative qui ne sont pas, d'après les principes de nos codes, de véritables sociétés. A l'encontre de la loi qui vient d'être votée par la Chambre, on accorderait aux sociétés comme aux Associations le droit de se constituer librement, sans autorisation ni contrôle, et sous la seule réserve les mesures destinées à protéger les droits des tiers.

Si l'on accomplit cette réforme désirable, on devra maintenir le système organisé par le titre III de la loi de 1867, continuer à présenter la variabilité du capital et du personnel comme une simple modalité, et chercher une garantie contre les abus qui pourraient naître des facilités accordées par cette modalité, en limitant la sphère d'application de la loi, par une définition générale de la coopération et des sociétés coopératives. De la sorte on pourra supprimer les quelques dispositions restrictives que les sociétés par actions rencontrent dans le titre III de la loi du 24 juillet 1867.

Sans nous rattacher pour cela à la doctrine individualiste, nous croyons que les coopérateurs ne doivent pas chercher leurs moyens d'action et leurs éléments de succès dans les faveurs officielles. Une expérience déjà longue a montré qu'ils devaient compter avant tout sur leur propre initiative, leur persévérance, leur discipline, et que la réussite d'une entreprise était due surtout aux capacités techniques, à la connaissance des affaires et à l'habileté de la direction.

Ainsi pratiquée, sans loi d'exception, ni faveurs extra-légales, la coopération deviendra véritablement un moyen d'élever la condition morale des humbles et des petits qui la pratiqueront, tout en augmentant leur bien-être matériel.

Puisse-t-elle développer dans toute la nation, le sentiment de la solidarité, et remplacer la lutte des classes, par l'union pour la prospérité commune.

Puisse cette modeste étude, en dissipant quelques obscurités, en dévoilant quelques erreurs, en montrant quelques réformes utiles, contribuer pour une part, aussi minime soit-elle, à la réalisation de cet idéal de justice et de fraternité.

TABLE DES MATIÈRES

Mayenne, imprimerie CH. COLIN.

www.ingramcontent.com/pod-product-compliance
Ingram Content Group UK Ltd.
Pitfield, Milton Keynes, MK11 3LW, UK
UKHW020954230726
13923UKWH00007B/320

9 782019 265120